Colorful Doilies to Crochet

Designs by Judy Teague-Treece

Contents

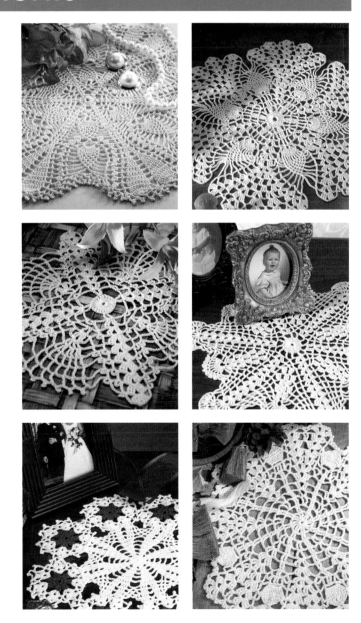

Spiderweb

SKILL LEVEL

INTERMEDIATE

FINISHED SIZE
12 inches square

MATERIALS
- ❏ Aunt Lydia's Classic size 10 crochet cotton (350 yds per ball):
  1 ball natural
- ❏ Size 7/1.65mm steel crochet hook or size needed to obtain gauge

GAUGE
6 sts and 5 ch-1 sps = 1 inch; 4 rows = 1 inch

SPECIAL STITCH
Picot: Ch 3, sl st in top of last st made.

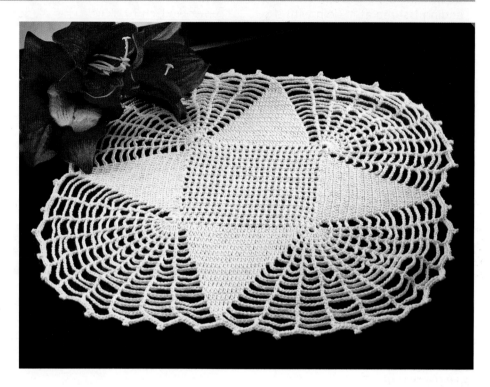

INSTRUCTIONS
DOILY
Row 1: Ch 47, dc in 3rd ch from hook *(first 2 chs do not count as dc)*, [ch 1, sk next ch, dc in next ch] across, turn. *(23 dc, 22 ch sps)*

Rows 2–18: Ch 4 *(counts as first dc and ch-1 sp)*, dc in next st, [ch 1, dc in next st] across, turn.

Rnd 19: Working in rnds, sl st in first ch sp, ch 3, 8 dc in same ch sp *(corner)*, ch 2, sk next st and next ch sp, sc in next ch sp, ch 2, sk next st, [dc in next ch sp, dc in next st] 15 times, dc in next ch sp, ch 2, sk next st, sc in next ch sp, ch 2, sk next st, next ch sp and next st, 9 dc in last ch sp *(corner)*, working in ends of rows, ch 2, sk first row, sc in next row, ch 2, evenly sp 30 dc in end of next 13 rows, ch 2, sc in next row, ch 2, sk next row, working in starting ch across row 1, 9 dc in ch sp at corner, ch 2, sk next ch sp, sc in next ch sp, ch 2, sk next ch at bottom of st, [dc in next ch sp, dc in next ch at bottom of st] 15 times, dc in next ch sp, ch 2, sk next ch sp and next ch, sc in next ch sp, ch 2, sk next ch sp and next ch, 9 dc in corner ch sp, working in ends of rows, ch 2,

sk first 2 rows, sc in next row, ch 2, evenly sp 30 dc in end of next 13 rows, ch 2, sc in next row, ch 2, sk next 2 rows, join with sl st in 3rd ch of beg ch-3.

Rnd 20: Ch 4, *dc in next dc, [ch 1, dc in next dc] 7 times, ch 2, sk next 2 ch sps and first dc of next group, dc in each dc across group leaving last dc unworked, ch 2, sk next 2 ch sps**, dc in next dc, rep from * around, ending last rep at **, join with sl st in 3rd ch of beg ch-4.

Rnd 21: Ch 5 *(counts as first dc and ch-2 sp)*, *dc in next dc, [ch 2, dc in next dc] 7 times, ch 3, sk next ch sp and first dc of next group, dc in each dc across group leaving last dc unworked, ch 3, sk next ch sp**, dc in next dc, rep from * around, ending last rep at **, join with sl st in 3rd ch of beg ch-5.

Rnd 22: Ch 6 *(counts as first dc and ch-3 sp)*, *dc in next dc, [ch 3, dc in next dc] 7 times, ch 4, sk next ch sp and first dc of next group, dc in each dc across group leaving last dc unworked, ch 4, sk next ch sp**, dc in next dc, rep from * around, ending last rep at **, join with sl st in 3rd ch of beg ch-6.

Rnd 23: Ch 7 *(counts as first dc and ch-4 sp)*, *dc in next dc, [ch 4, dc in next dc] 7 times, ch 5, sk next ch sp and first dc of next group, dc in each dc across group leaving last dc unworked, ch 5, sk next ch sp**, dc in next dc, rep from * around, ending last rep at **, join with sl st in 3rd ch of beg ch-7.

Rnd 24: Ch 8 *(counts as first dc and ch-5 sp)*, *dc in next dc, [ch 5, dc in next dc] 7 times, ch 6, sk next ch sp and first dc of next group, dc in each dc across group leaving last dc unworked, ch 6, sk next ch sp**, dc in next dc, rep from * around, ending last rep at **, join with sl st in 3rd ch of beg ch-8.

Rnd 25: Ch 9 *(counts as first dc and ch-6 sp)*, *dc in next dc, [ch 6, dc in next dc] 7 times, ch 7, sk next ch sp and first dc of next group, dc in each dc across group leaving last dc unworked, ch 7, sk next ch sp**, dc in next dc, rep from * around, ending last rep at **, join with sl st in 3rd ch of beg ch-9.

Rnds 26–29: Ch 9 *(counts as first dc and ch-6 sp)*, *dc in next dc, [ch 6, dc in next dc] 7 times, ch 7, sk next ch sp and first dc of next group, dc in each dc across group leaving last dc unworked, ch 7, sk next ch sp**, dc in next dc, rep from * around, ending last rep at **, join with sl st in 3rd ch of beg ch-9.

Rnd 30: Ch 10 *(counts as first dc and ch-7 sp)*, *dc in next dc, [ch 7, dc in next dc] 7 times, ch 9, sk next ch sp and first dc of next group, dc in each dc across group leaving last dc unworked, ch 9, sk next ch sp**, dc in next dc, rep from * around, ending last rep at **, join with sl st in 3rd ch of beg ch-10.

Rnd 31: Ch 10 *(counts as first dc and ch-7 sp)*, *dc in next dc, [ch 7, dc in next dc] 7 times, ch 10, sk next ch sp and first dc of next group, dc in each dc across group leaving last dc unworked, ch 10, sk next ch sp**, dc in next dc, rep from * around, ending last rep at **, join with sl st in 3rd ch of beg ch-10.

Rnd 32: Ch 11 *(counts as first dc and ch-8 sp)*, *dc in next dc, [ch 8, dc in next dc] 7 times, ch 10, sk next ch sp and first dc of next group, dc in each dc across group leaving last dc unworked, ch 10, sk next ch sp**, dc in next dc, rep from * around, ending last rep at **, join with sl st in 3rd ch of beg ch-11.

Rnd 33: Ch 11 *(counts as first dc and ch-8 sp)*, *dc in next dc, [ch 8, dc in next dc] 7 times, ch 10, sk next ch sp and first dc of next group, dc in each dc across group leaving last dc unworked, ch 10, sk next ch sp**, dc in next dc, rep from * around, ending last rep at **, join with sl st in 3rd ch of beg ch-11.

Rnd 34: Ch 1, (6 sc, **picot**—*see Special Stitch*, 6 sc) in each of first 9 ch sps, *sc in each of next 2 dc**, (6 sc, picot, 6 sc) in each of next 10 ch sps, rep from * around, ending last rep at **, (6 sc, picot, 6 sc) in last ch sp, join with sl st beg sc. Fasten off. ❏❏

Give Thanks

SKILL LEVEL

INTERMEDIATE

FINISHED SIZE
14 inches in diameter

MATERIALS
❏ Aunt Lydia's Classic size 10 crochet cotton (350 yds per ball):
   1 ball #431 pumpkin
❏ Size 7/1.65mm steel crochet hook or size needed to obtain gauge

GAUGE
Rnds 1–3 = 2 inches in diameter

SPECIAL STITCHES
Shell: (2 tr, ch 2, 2 tr) in next ch sp.
Picot: Ch 3, sl st in 3rd ch from hook.

INSTRUCTIONS
DOILY
Rnd 1: Ch 6, sl st in first ch to form ring, ch 1, 12 sc in ring, join with sl st in beg sc.

Rnd 2: Ch 1, sc in first st, [ch 12, sc in next st] around, join with ch 6, dtr in beg sc, forming last ch sp.

Rnd 3: Ch 1, sc in ch sp just made, ch 5, [sc in next ch sp, ch 5] around, join with sl st in beg sc.

Rnd 4: Sl st in each of first 2 chs, ch 1, sc in same ch sp, ch 6, [sc in next ch sp, ch 6] around, join with sl st in beg sc.

Rnd 5: Sl st in each of first 2 chs, ch 1, sc in same ch sp, *ch 6, **shell** (*see Special Stitches*) in next ch sp, ch 6**, sc in next ch sp, rep from * around, ending last rep at **, join with sl st in beg sc.

Rnd 6: Sl st in each of first 2 chs, ch 1, sc in same ch sp, *ch 6, shell in ch sp of next shell**, [ch 6, sc in next ch sp] twice, rep from * around, ending last rep at **, ch 6, sc in last ch sp, ch 6, join with sl st in beg sc.

Rnd 7: Sl st in each of first 2 chs, ch 1, sc in same ch, *ch 6, shell**, [ch 6, sc in next ch sp] 3 times, rep from * around, ending last rep at **, [ch 6, sc in next ch sp] twice, ch 6, join with sl st in beg sc.

Rnd 8: Sl st in each of first 2 chs, ch 1, sc in same ch, *ch 6, shell**, [ch 6, sc in next ch sp] 4 times, rep from * around, ending last rep at **, [ch 6, sc in next ch sp] 3 times, ch 6, join with sl st in beg sc.

Rnd 9: Sl st in each of first 2 chs, ch 1, sc in same ch, *ch 6, shell, [ch 6, sc in next ch sp] twice, ch 6, shell, ch 6**, [sc in next ch sp, ch 6] twice, rep from * around, ending last rep at **, sc in last ch sp, ch 6, join with sl st in beg sc.

Rnd 10: Sl st in each of first 2 chs, ch 1, sc in same ch, *ch 6, (shell, ch 2, 2 tr) in next shell, [ch 6, sc in next ch sp] 3 times, ch 3, (sc, ch 5, sc) in ch sp of next shell, ch 3, [sc in next ch sp, ch 6] twice**, sc in next ch sp, rep from * around, ending last rep at **, join with sl st in beg sc.

Rnd 11: Sl st in each of first 2 chs, ch 1, sc in same ch, *ch 6, shell, ch 2, shell, ch 6, sc in next ch sp, [ch 4, sc in next ch sp] twice, ch 4, 9 tr in next ch-5 sp**, [ch 4, sc in next ch sp] 3 times, rep from * around, ending last rep at **, [ch 4, sc in next ch sp] twice, ch 4, join with sl st in beg sc.

Rnd 12: Sl st in each of first 2 chs, ch 1, sc in same ch, *ch 6, shell, ch 2, 2 tr in next ch sp, ch 2, shell, ch 6, sc in next ch sp, [ch 4, sc in next ch sp] twice, ch 4, sk next ch sp, sc in next tr, [ch 2, sc in next tr] 8 times, ch 4, sk next ch sp, [sc in next ch sp, ch 4] twice**, sc in next ch sp, rep from * around, ending last rep at **, join with sl st in beg sc.

Rnd 13: Sl st in each of first 2 chs, ch 1, sc in same ch sp, *ch 6, (tr, ch 2, tr) in ch sp of next shell, ch 4, sc in next ch sp, ch 6, sc in next ch sp, ch 4, (tr, ch 2, tr) in ch sp of next shell, ch 6, [sc in next ch sp, ch 4] 3 times, sk next ch sp, sc in next ch-2 sp, [ch 2, sc in next ch-2 sp] 7 times, ch 4, sk next ch sp, [sc in next ch sp, ch 4] twice**, sc in next ch sp, rep from * around, ending last rep at **, join with sl st in beg sc.

Rnd 14: Sl st in each of first 2 chs, ch 1, sc in same ch sp, *ch 6, (tr, ch 2, tr) in next ch sp, ch 4, sc in next ch sp, ch 4, 7 dc in next ch-6 sp, ch 4, sc in next ch sp, ch 4, (tr, ch 2, tr) in next ch sp, ch 6, [sc in next ch sp, ch 4] 3 times, sk next ch sp, sc in next ch-2 sp, [ch 2, sc in next ch-2 sp] 6 times, ch 4, sk next ch sp, [sc in next ch sp, ch 4] twice**, sc in next ch sp, rep from * around, ending last rep at **, join with sl st in beg sc.

Rnd 15: Sl st in each of first 2 chs, ch 1,

sc in same ch sp, *ch 6, (tr, ch 2, tr) in next ch sp, ch 4, sc in next ch sp, ch 2, sk next ch sp, sc in next dc, [ch 2, sc in next dc] 6 times, ch 2, sk next ch sp, sc in next ch sp, ch 4, (tr, ch 2, tr) in next ch sp, ch 6, [sc in next ch sp, ch 4] 3 times, sk next ch sp, sc in next ch-2 sp, [ch 2, sc in next ch-2 sp] 5 times, ch 4, sk next ch sp, [sc in next ch sp, ch 4] twice**, sc in next ch sp, rep from * around, ending last rep at **, join with sl st in beg sc.

Rnd 16: Sl st in each of first 2 chs, ch 1, sc in same ch sp, *ch 6, (tr, ch 2, tr) in next ch sp, ch 4, sc in next ch sp, ch 3, sk next ch sp, sc in next ch-2 sp, [ch 2, sc in next ch-2 sp] 5 times, ch 3, sk next ch sp, sc in next ch sp, ch 4, (tr, ch 2, tr) in next ch sp, ch 6, [sc in next ch sp, ch 4] 3 times, sk next ch sp, sc in next ch-2 sp, [ch 2, sc in next ch-2 sp] 4 times, ch 4, sk next ch sp, [sc in next ch sp, ch 4] twice**, sc in next ch sp, rep from * around, ending last rep at **, join with sl st in beg sc.

Rnd 17: Sl st in each of first 2 chs, ch 1, sc in same ch sp, *ch 6, (tr, ch 2, tr) in next ch sp, ch 4, sc in next ch sp, ch 4, sk next ch sp, sc in next ch-2 sp, [ch 2, sc in next ch-2 sp] 4 times, ch 4, sk next ch sp, sc in next ch sp, ch 4, (tr, ch 2, tr) in next ch sp, ch 6, [sc in next ch sp, ch 4] 3 times, sk next ch sp, sc in next ch-2 sp, [ch 2, sc in next ch-2 sp] 3 times, ch 4, sk next ch sp, [sc in next ch sp, ch 4] twice**, sc in next ch sp, rep from * around, ending last rep at **, join with sl st in beg sc.

Rnd 18: Sl st in each of first 2 chs, ch 1, sc in same ch sp, *ch 6, (3 tr, ch 2, 3 tr) in next ch sp, ch 4, sc in next ch sp, ch 4, sk next ch sp, sc in next ch-2 sp, [ch 2, sc in next ch-2 sp] 3 times, ch 4, sk next ch sp, sc in next ch sp, ch 4, (3 tr, ch 2, 3 tr) in next ch sp, ch 6, [sc in next ch sp, ch 4] 3 times, sk next ch sp, sc in next ch-2 sp, [ch 2, sc in next ch-2 sp] twice, ch 4, sk next ch sp, [sc in next ch sp, ch 4] twice**, sc in next ch sp, rep from * around, ending last rep at **, join with sl st in beg sc.

Rnd 19: Sl st in each of first 2 chs, ch 1, sc in same ch sp, *ch 6, ({2 tr, ch 2} twice, 2 tr) in next ch sp, ch 4, sc in next ch sp, ch 4, sk next ch sp, sc

in next ch-2 sp, [ch 2, sc in next ch-2 sp] twice, ch 4, sk next ch sp, sc in next ch sp, ch 4, ({2 tr, ch 2} twice, 2 tr) in next ch sp, ch 6, [sc in next ch sp, ch 4] 3 times, sk next ch sp, sc in next ch-2 sp, ch 2, sc in next ch-2 sp, ch 4, sk next ch sp, [sc in next ch sp, ch 4] twice**, sc in next ch sp, rep from * around, ending last rep at **, join with sl st in beg sc.

Rnd 20: Sl st in each of first 2 chs, ch 1, sc in same ch sp, *ch 6, shell, ch 2, shell, ch 4, sc in next ch sp, ch 4, sk next ch sp, sc in next ch-2 sp, ch 2, sc in next ch-2 sp, ch 4, sk next ch sp, sc in next ch sp, ch 4, shell, ch 2, shell, ch 6, [sc in next ch sp, ch 4] twice, sc in next ch sp, ch 5, sk next ch sp, sc in next ch-2 sp, ch 5, sk next ch sp, [sc in next ch sp, ch 4] twice**, sc in next ch sp, rep from * around, ending last rep at **, join with sl st in beg sc.

Rnd 21: Sl st in each of first 2 chs, ch 1, sc in same ch sp, *ch 6, shell, ch 2, 2 tr in next ch sp, ch 2, shell, ch 4, sc in next ch sp, ch 5, sk next ch sp, sc in next ch-2 sp, ch 5, sk next ch sp, sc in next ch sp, ch 4, shell, ch 2, 2 tr in next ch sp, ch 2, shell, ch 6, [sc in next ch sp, ch 4] twice, sc in next ch sp, ch 3, (tr, ch 1, tr) in next ch sp, ch 1, (tr, ch 1, tr) in next ch sp, ch 3, [sc in next ch sp, ch 4] twice**, sc in next ch sp, rep from * around, ending last rep at **, join with sl st in beg sc.

Rnd 22: Sl st in each of first 2 chs, ch 1, sc in same ch sp, *ch 6, (3 tr, ch 2, 3 tr) in ch sp of next shell, [ch 3, sc in next ch sp] twice, ch 3, (3 tr, ch 2, 3 tr) in ch sp of next shell, [ch 4, sc in next ch sp] twice, ch 3, [sc in next ch sp, ch 4] twice, (3 tr, ch 2, 3 tr) in ch sp of next shell, [ch 3, sc in next ch sp] twice, ch 3, (3 tr, ch 2, 3 tr) in ch sp of next shell, ch 6, [sc in next ch sp, ch 4] twice, sc in next ch sp, ch 5, sk next 2 ch sps, sc in next ch sp, ch 5, sk next 2 ch sps, [sc in next ch sp, ch 4] twice**, sc in next ch sp, rep from * around, ending last rep at **, join with sl st in beg sc.

Rnd 23: Ch 1, sc in each st around with (sc, **picot**—see Special Stitches, sc) in each ch-2 sp, (2 sc, picot, 2 sc) in each ch-4 sp and (3 sc, picot, 3 sc) in each ch-6 sp, join with sl st in beg sc. Fasten off. ❏❏

Pink Delight

SKILL LEVEL

INTERMEDIATE

FINISHED SIZE
10½ inches square

MATERIALS
❏ Size 10 crochet cotton:
   300 yds pink
❏ Size 7/1.65mm steel hook or
   size needed to obtain gauge

GAUGE
Rnds 1 and 2 = 1½ inches in diameter

SPECIAL STITCHES
Cluster (cl): Holding last lp of each st on hook, 3 tr in next ch sp, yo, pull through all lps on hook.
Picot: Ch 3, sl st in last st made.

INSTRUCTIONS
DOILY
Rnd 1: Ch 6, sl st in first ch to form ring, ch 4 *(counts as first tr)*, 3 tr in ring, ch 3, [4 tr in ring, ch 3] 3 times, join with sl st in 4th ch of beg ch-4. *(16 tr)*

Rnd 2: Ch 4, tr in each of next 3 sts, *ch 4, sc in next ch sp, ch 4**, tr in each of next 4 sts, rep from * around, ending last rep at **, join with sl st in 4th ch of beg ch-4.

Rnd 3: Ch 4, tr in each of next 3 sts, *[ch 4, sc in next ch sp] twice, ch 4**, tr in each of next 4 sts, rep from * around, ending last rep at **, join with sl st in 4th ch of beg ch-4.

Rnd 4: Ch 4, tr in each of next 3 sts, *ch 4, sc in next ch sp, ch 4, (tr, ch 2, tr) in next ch sp, ch 4, sc in next ch sp, ch 4**, tr in each of next 4 sts, rep from * around, ending last rep at **, join with sl st in 4th ch of beg ch-4.

Rnd 5: Sl st in next st, ch 5 *(counts as first tr and ch-1 sp)*, tr in next st, *ch 4, sk next st, sc in next ch sp, ch 4, sk next ch sp, (2 tr, ch 2, 2 tr) in next ch sp, ch 4, sk next ch sp, sc in next ch sp, ch 4**, sk next st, tr in next st, ch 2, tr in next st, rep from * around, ending last rep at **,

join with sl st in 4th ch of beg ch-4.

Rnd 6: Sl st in first ch sp, ch 4, (tr, ch 2, 2 tr) in same ch sp, *[ch 4, sc in next ch sp] twice, ch 4, (3 tr, ch 2, 3 tr) in next ch sp, ch 4, [sc in next ch sp, ch 4] twice**, (2 tr, ch 2, 2 tr) in next ch sp, rep from * around, ending last rep at **, join with sl st in 4th ch of beg ch-4.

Rnd 7: Sl st across to first ch sp, ch 4, (2 tr, ch 2, 3 tr) in same ch sp, *[ch 4, sc in next ch sp] 3 times, ch 4, ({2 tr, ch 2} twice, 2 tr) in next ch sp, ch 4, [sc in next ch sp, ch 4] 3 times**, (3 tr, ch 2, 3 tr) in next ch sp, rep from * around, ending last rep at **, join with sl st in 4th ch of beg ch-4.

Rnd 8: Sl st across to first ch sp, ch 4, (tr, {ch 2, 2 tr} twice) in same ch sp, *[ch 4, sc in next ch sp] 4 times, ch 4, [tr in each of next 2 sts, ch 3, sk next ch sp] twice, tr in each of next 2 sts, ch 4, [sc in next ch sp, ch 4] 4 times**, ({2 tr, ch 2} twice, 2 tr) in next ch sp, rep from * around, ending last rep at **, join with sl st in 4th ch of beg ch-4.

Rnd 9: Ch 4, tr in next st, *[ch 3, sk

next ch sp, tr in each of next 2 sts] twice, [ch 4, sc in next ch sp] 5 times, ch 4, (**cl**—*see Special Stitches*, ch 2, cl) in next ch sp, ch 2, (cl, ch 2, cl) in next ch sp, ch 4, [sc in next ch sp, ch 4] 5 times**, tr in each of next 2 sts, rep from * around, ending last rep at **, join with sl st in 4th ch of beg ch-4.

Row 10: Ch 5, tr in next st, *[ch 1, (tr, ch 1, tr) in next ch sp, tr in next st, ch 1, tr in next st] twice, [ch 4, sc in next ch sp] 6 times, ch 4, (cl, ch 2, cl) in next ch sp, ch 4, sc in next ch sp, ch 4, (cl, ch 2, cl) in next ch sp, ch 4, [sc in next ch sp, ch 4] 6 times**, tr in next st, ch 1, tr in next st, rep from * around, ending last rep at **, join with sl st in 4th ch of beg ch-5.

Rnd 11: Ch 6 *(counts as first tr and ch-2 sp)*, *tr in next st, [ch 2, tr in next st] 8 times, [ch 4, sc in next ch sp] 3 times, ch 3, cl in next ch sp, ch 3, [sc in next ch sp, ch 4] 3 times, cl in next ch sp, [ch 4, sc in next ch sp] twice, ch 4, cl in next ch sp, [ch 4, sc in next ch sp] 3 times, ch 3, cl in next ch sp, ch 3, [sc in next ch sp, ch 4] 3 times**, tr in next st, ch 2, rep from * around, ending last rep at **, join with sl st 4th ch of beg ch-6.

Rnd 12: Ch 7 *(counts as first tr and ch-3 sp)*, *tr in next st, [ch 3, tr in next st] 8 times, [ch 4, sc in next ch sp] 3 times, ch 3, cl in next ch sp, ch 2, cl in next ch sp, ch 3, [sc in next ch sp, ch 4] 4 times, (tr, ch 1, tr) in next ch sp, [ch 4, sc in next ch sp] 4 times, ch 3, cl in next ch sp, ch 2,

cl in next ch sp, ch 3, [sc in next ch sp, ch 4] 3 times**, tr in next st, ch 3, rep from * around, ending last rep at **, join with sl st 4th ch of beg ch-6.

Rnd 13: Ch 8 *(counts as first tr and ch-4 sp)*, *tr in next st, [ch 4, tr in next st] 8 times, [ch 4, sc in next ch sp] twice, ch 4, sk next 2 ch sps, cl in next ch sp, ch 4, sk next 2 ch sps, [sc in next ch sp, ch 4] twice, sk next ch sp, (2 tr, ch 3, 2 tr) in next ch sp,

ch 4, sk next ch sp, [sc in next ch sp, ch 4] twice, sk next 2 ch sps, cl in next ch sp, ch 4, sk next 2 ch sps, [sc in next ch sp, ch 4] twice**, tr in next st, ch 4, rep from * around, ending last rep at **, join with sl st 4th ch of beg ch-6.

Rnd 14: Sl st in first ch sp, ch 1, (sc, **picot**—*see Special Stitches*, sc, ch 3) in same ch sp and in each ch sp around, join with sl st in beg sc. Fasten off. ❑❑

Little Fans

FINISHED SIZE
5½ inches square

MATERIALS
❑ DMC Cebelia size 10 crochet cotton (282 yds per ball):
1 ball #747 sea mist blue
❑ Size 7/1.65mm steel hook or size needed to obtain gauge

GAUGE
Rnds 1 and 2 = 1 inch in diameter

INSTRUCTIONS
DOILY

Rnd 1: Ch 5, sl st in first ch to form ring, ch 3 *(counts as first dc)* 2 dc in ring, ch 2, [3 dc in ring, ch 2] 3 times, join with sl st in 3rd ch of beg ch-3. *(12 dc)*

Rnd 2: Ch 3, dc in each dc around with (2 dc, ch 2, 2 dc) in each ch sp, join with sl st in 3rd ch of beg ch-3. *(28 dc)*

Rnd 3: Ch 3, dc in each dc around with (2 dc, ch 2, 2 dc) in each ch sp, join with sl st in 3rd ch of beg ch-3. *(44 dc)*

Rnd 4: Sl st in next st, ch 4 *(counts as first dc and ch-1 sp)*, *sk next st, [dc in next st, ch 1, sk next st] across** to next ch sp, 6 dc in ch sp, ch 1, rep from * around, ending last rep at **, join with sl st in 3rd ch of beg ch-4.

Rnd 5: Ch 4, skipping ch sps, [dc in

next st, ch 1] twice, *2 dc in each of next 6 sts, ch 1**, [dc in next st, ch 1] 5 times, rep from * around, ending last rep at **, [dc in next st, ch 1] across, join with sl st in 3rd ch of beg ch-4.

Rnd 6: Ch 4, skipping ch sps, [dc in next st, ch 1] twice, *dc in next st, [ch 1, dc in next st] 11 times, ch 1**, [dc in next st, ch 1] 5 times, rep from * around, ending last rep at **, [dc in next st, ch 1] across, join with sl st in 3rd ch of beg ch-4.

Rnd 7: Ch 3, [dc in next ch sp, dc in next st] twice, *ch 2, sk next ch sp,

dc in next st, [ch 1, dc in next st] 11 times, ch 2, sk next ch sp**, [dc in next st, dc in next ch sp] 4 times, dc in next st, rep from * around, ending last rep at **, [dc in next st, dc in next ch sp] across, join with sl st in 3rd ch of beg ch-3.

Rnd 8: Ch 3, dc in each of next 3 sts, *ch 3, sk next st and next ch sp, dc in next st, [ch 1, dc in next st] 11 times, ch 3, sk next ch sp and next st**, dc in each of next 7 sts, rep from * around, ending last rep at **, dc in each st across, join with sl st in 3rd ch of beg ch-3.

Rnd 9: Ch 3, dc in each of next 2 sts, *ch 4, sk next st and next ch sp, dc in next st, [ch 1, dc in next st] 11 times, ch 4, sk next ch sp and next st**, dc in each of next 5 sts, rep from * around, ending last rep at **, dc in each st across, join with sl st in 3rd ch of beg ch-3.

Rnd 10: Ch 3, dc in next st, *ch 4, sk next st and next ch sp, dc in next st, [ch 1, dc in next st] 11 times, ch 4, sk next ch sp and next st**, dc in each of next 3 sts, rep from * around, ending last rep at **, dc in each st across, join with sl st in 3rd ch of beg ch-3.

Rnd 11: Ch 1, (sc, ch 3, sc) in first st, ch 3, *({sc, ch 3} twice) in each of next 13 ch sps**, (sc, ch 3, sc) in center st of next dc group, ch 3, rep from * around, ending last rep at **, join with sl st in beg sc. Fasten off. ❏❏

Linen Lace

SKILL LEVEL

INTERMEDIATE

FINISHED SIZE
14 inches in diameter

MATERIALS
❏ DMC Cebellia size 10 crochet cotton (282 yds per ball):
 1 ball #842 coffee cream
❏ Size 7/1.65mm steel hook or size needed to obtain gauge

GAUGE
Rnds 1 and 2 = 1½ inches in diameter

SPECIAL STITCH
Picot: Ch 3, sl st in last st made.

INSTRUCTIONS
DOILY
Rnd 1: Ch 6, sl st in first ch to form ring, ch 4 *(counts as first tr)*, 19 tr in ring, join with sl st in 4th ch of beg ch-4. *(20 tr)*

Rnd 2: Ch 6 *(counts as first tr and ch-2 sp)*, [tr in next st, ch 2] around, join with sl st in 4th ch of beg ch-6.

Rnd 3: Ch 7 *(counts as first tr and ch-3 sp)* [tr in next st, ch 3] around, join with sl st in 4th ch of beg ch-7.

Rnd 4: Ch 8 *(counts as first tr and ch-4 sp)* [tr in next st, ch 4] around, join with sl st in 4th ch of beg ch-8.

Rnd 5: Ch 11 *(counts as first tr and ch-7 sp)* [tr in next st, ch 7] around, join with sl st in 4th ch of beg ch-11.

Rnd 6: Ch 6, *(tr, ch 2, tr) in next ch sp, ch 2**, tr in next st, ch 2, rep from * around, ending last rep at **, join with sl st in 4th ch of beg ch-6.

Rnd 7: Ch 6, *sk next ch sp, (2 tr, ch 2, 2 tr) in next ch sp, ch 2, sk next st**, tr in next st, ch 2, rep from * around, ending last rep at **, join with sl st in 4th ch of beg ch-6.

Rnd 8: Ch 6, *sk next ch sp, (3 tr, ch 2, 3 tr) in next ch sp, ch 2, sk next 2 sts**, tr in next st, ch 2, rep from * around, ending last rep at **, join with sl st in 4th ch of beg ch-6.

Rnd 9: Ch 1, sc in first st, *ch 5, sk next ch sp, (sc, ch 6, sc) in next ch sp, ch 5, sk next 3 sts**, sc in next st, rep from * around, ending last rep at **, join with sl st in beg sc.

Rnd 10: Sl st in each of first 2 chs, ch 1, sc in same ch sp, *ch 3, 9 tr in next ch-6 sp, ch 3, sc in next ch sp, ch 2, sc in next ch sp, ch 4, sc in next ch-6 sp, ch 4, sc in next ch sp, ch 2**, sc in next ch sp, rep from * around, ending last rep at **, join with sl st in beg sc.

Rnd 11: Sl st in each ch across to first tr, ch 1, sc in first tr, *[ch 2, sc in next tr] 8 times, ch 5, sk next ch sp, sc in next ch-2 sp, ch 5, sk next st, (sc, ch 5, sc) in next sc, ch 5, sk next ch sp, sc in next ch-2 sp, ch 5**, sc in next tr, rep from * around, ending last rep at **, join with sl st in beg sc.

Rnd 12: Ch 1, sc in first ch-2 sp, *[ch 2, sc in next ch-2 sp] 7 times, ch 5, sk next ch sp, sc in next ch sp, ch 3, (sc, ch 5, sc) in next ch sp, ch 3, sc in next ch sp, ch 5, sk next ch sp**, sc in next ch-2 sp, rep from

* around, ending last rep at **, join with sl st in beg sc.

Rnd 13: Ch 1, sc in first ch-2 sp, *[ch 2, sc in next ch-2 sp] 6 times, ch 5, sk next ch sp, sc in next ch sp, ch 3, (sc, ch 5, sc) in next ch sp, ch 3, sc in next ch sp, ch 5, sk next ch sp**, sc in next ch-2 sp, rep from * around, ending last rep at **, join with sl st in beg sc.

Rnd 14: Ch 1, sc in first ch-2 sp, *[ch 2, sc in next ch-2 sp] 5 times, ch 6, sk next ch sp, sc in next ch sp, ch 3, (sc, ch 5, sc) in next ch sp, ch 3, sc in next ch sp, ch 6, sk next ch sp**, sc in next ch-2 sp, rep from * around, ending last rep at **, join with sl st in beg sc.

Rnd 15: Ch 1, sc in first ch-2 sp, *[ch 2, sc in next ch-2 sp] 4 times, ch 7, sk next ch sp, sc in next ch sp, ch 3, (sc, ch 5, sc) in next ch sp, ch 3, sc in next ch sp, ch 7, sk next ch sp**, sc in next ch-2 sp, rep from * around, ending last rep at **, join with sl st in beg sc.

Rnd 16: Ch 1, sc in first ch-2 sp, *[ch 2, sc in next ch-2 sp] 3 times, ch 8, sk next ch sp, sc in next ch sp, ch 3, (sc, ch 5, sc) in next ch-5 sp, ch 3, sc in next ch sp, ch 8, sk next ch sp**, sc in next ch-2 sp, rep from * around, ending last rep at **, join with sl st in beg sc.

Rnd 17: Ch 1, sc in first ch-2 sp, *[ch 2, sc in next ch-2 sp] twice, ch 9, sk next ch sp, sc in next ch sp, ch 3, (sc, ch 5, sc) in next ch sp, ch 3, sc in next ch sp, ch 9, sk next ch sp**, sc in next ch-2 sp, rep from * around, ending last rep at **, join with sl st in beg sc.

Rnd 18: Ch 1, sc in first ch-2 sp, *ch 2, sc in next ch-2 sp, ch 10, sk next ch sp, sc in next ch sp, ch 3, (sc, ch 5, sc) in next ch sp, ch 3, sc in next ch sp, ch 10, sk next ch sp**, sc in next ch-2 sp, rep from * around, ending last rep at **, join with sl st in beg sc.

Rnd 19: Ch 1, sc in first ch-2 sp, *ch 11, sk next ch sp, sc in next ch sp, ch 3, (sc, ch 5, sc) in next ch sp, ch 3, sc in next ch sp, ch 11, sk next ch sp**, sc in next ch-2 sp, rep from * around, ending last rep at **, join with sl st in beg sc.

Rnd 20: Ch 1, sc in first st, *ch 6, (tr, ch 1, tr) in next ch sp, ch 6, sc in next ch sp, ch 3, (sc, ch 5, sc) in next ch sp, ch 3, sc in next ch sp, ch 6, (tr, ch 1, tr) in next ch sp, ch 6**, sc in next st, rep from * around, ending last rep at **, join with sl st in beg sc.

Rnd 21: Sl st in each of first 2 chs, ch 1, sc in same ch sp, *ch 4, tr in next ch sp, (ch 1, tr) 3 times in same ch sp, ch 6, sk next ch sp, sc in next ch sp, ch 3, sc in next ch sp, ch 3, (tr, ch 1) twice in same ch sp, tr in same ch sp, ch 3, sc in same ch sp, ch 3, sc in next ch sp, ch 6, sk next ch sp, tr in next ch sp, (ch 1, tr) 3 times in same ch sp, ch 4, sc in next ch sp, ch 2**, sc in next ch sp, rep from * around, ending last rep at **, join with sl st in beg sc.

Rnd 22: Sl st across to first ch-1 sp, ch 5, tr in same ch sp, *({ch 1, tr} twice) in each of next 2 ch sps, ch 6, sk next ch sp, sc in next ch-3 sp, ch 6, ({tr, ch 1} twice) in each of next 2 ch sps, (tr, ch 1, tr) in next ch sp, ch 6, sk next ch sp, sc in next ch-3 sp, ch 6, sk next ch sp, (tr, ch 1, tr) in next ch sp, ({ch 1, tr} twice) in each of next 2 ch sps, ch 6, sk next ch sp, sc in next ch-2 sp, ch 6, sk next ch sp**, (tr, ch 1, tr) in next ch sp, rep from * around, ending last rep at **, join with sl st in 4th ch of beg ch-5.

Rnd 23: Ch 1, (sc, **picot**—*see Special Stitch,* sc) in first ch sp, *[sc in next ch sp, (sc, picot, sc) in next ch sp] twice, (2 sc, picot, 2 sc) in each of next 2 ch sps, [(sc, picot, sc) in next ch sp, sc in next ch sp] twice, (sc, picot, sc) in next ch sp, (2 sc, picot, 2 sc) in each of next 2 ch sps**, (sc, picot, sc) in next ch sp, rep from * around, ending last rep at **, join with sl st in beg sc. Fasten off. ❏❏

Tempest

SKILL LEVEL
■■■□
INTERMEDIATE

FINISHED SIZE
12 inches in diameter

MATERIALS
❏ Aunt Lydia's Classic size 10 crochet cotton (350 yds per ball):
   1 ball #480 delft
❏ Size 7/1.65mm steel crochet hook or size needed to obtain gauge

GAUGE
Rnd 1 = 1 inch in diameter

SPECIAL STITCHES
Cluster (cl): Holding last lp of each st on hook, 3 tr in next ch sp, yo, pull through all lps on hook.
Shell: (2 tr, ch 2, 2 tr) in next ch sp.
Picot: Ch 3, sl st in 3rd ch from hook.

INSTRUCTIONS
DOILY
Rnd 1: Ch 6, sl st in first ch to form ring, ch 4 *(counts as first tr)* 23 tr in ring, join with sl st in 4th ch of beg ch-4. *(24 tr)*

Rnd 2: Ch 1, sc in first st, ch 4, sk next st, [sc in next st, ch 4, sk next st] around, join with sl st in beg sc.

Rnd 3: Sl st in each of first 2 chs, ch 1, sc in same ch sp, ch 4, [sc in next ch sp, ch 4] around, join with sl st in beg sc.

Rnd 4: Sl st in each of first 2 chs, ch 1, sc in same ch sp, ch 5, [sc in next ch sp, ch 5] around, join with sl st in beg sc.

Rnd 5: Sl st in each of first 2 chs, ch 1, sc in same ch sp, ch 6, [sc in next ch sp, ch 6] around, join with sl st in beg sc.

Rnd 6: Sl st in each of first 3 chs, ch 1, sc in same ch sp, *ch 7, cl *(see Special Stitches)* in next ch sp, ch 7**, sc in next ch sp, rep from * around, ending last rep at **, join with sl st in beg sc.

Rnd 7: Sl st in each of first 3 chs, ch 1, sc in same ch sp, *ch 5, cl in same ch sp, ch 3, cl in next ch sp, ch 5, sc in

same ch sp, ch 3**, sc in next ch sp, rep from * around, ending last rep at **, join with sl st in beg sc.

Rnd 8: Sl st in each of first 2 chs, ch 1, sc in same ch sp, *ch 5, cl in same ch sp, ch 3, cl in next ch sp, ch 3, (cl, ch 5, sc) in next ch sp, ch 3, (tr, ch 1, tr) in next ch sp, ch 3**, sc in next ch sp, rep from * around, ending last rep at **, join with sl st in beg sc.

Rnd 9: Sl st in each of first 2 chs, ch 1, sc in same ch sp, *ch 5, sc in next ch sp, ch 7, sc in next ch sp, ch 5, sc in next ch sp, ch 5, **shell** (see Special Stitches), ch 5**, sc in next ch sp, rep from * around, ending last rep at **, join with sl st in beg sc.

Rnd 10: Sl st in each of first 2 chs, ch 1, sc in same ch sp, *ch 3, 9 tr in next ch-7 sp, ch 3, sc in next ch sp, ch 4, sc in next ch sp, ch 3, shell, ch 3, sc in next ch sp, ch 4**, sc in next ch sp, rep from * around, ending last rep at **, join with sl st in beg sc.

Rnd 11: Sl st in first ch sp, ch 1, sc in same ch sp, *ch 4, tr in next tr, [ch 1, tr in next tr] 8 times, ch 3, sc in next ch sp, ch 4, sc in next ch sp, ch 5, sk next ch sp, (3 tr, ch 2, 3 tr) in ch sp of next shell, ch 5, sk next ch sp, sc in next ch sp, ch 4**, sc in next ch sp, rep from * around, ending last rep at **, join with sl st in beg sc.

Rnd 12: Sl st across to first ch-1 sp, ch 1, sc in same ch-1 sp, *[ch 2, sc in next ch-1 sp] 7 times, ch 4, sk next ch sp, sc in next ch sp, ch 5, sk next ch sp, (shell, ch 2, 2 tr) in next ch sp, ch 5, sk next ch sp, sc in next ch sp, ch 4, sk next ch sp**, sc in next ch-1 sp, rep from * around, ending last rep at **, join with sl st in beg sc.

Rnd 13: Ch 1, sc in first ch-2 sp, *[ch 2, sc in next ch-2 sp] 6 times, [ch 4, sc in next ch sp] twice, ch 4, shell, ch 2, shell, [ch 4, sc in next ch sp] twice, ch 4**, sc in next ch-2 sp, rep from * around, ending last rep at **, join with sl st in beg sc.

Rnd 14: Ch 1, sc in first ch-2 sp, *[ch 2, sc in next ch-2 sp] 5 times, ch 3, sk next ch sp, (tr, ch 2, tr) in next ch sp, ch 3, sk next ch sp, shell, ch 2, 2 tr in next ch sp, ch 2, shell, ch 3, sk next ch sp, (tr, ch 2, tr) in next ch sp, ch 3, sk next ch sp**, sc in next ch-2 sp, rep from * around, ending last rep at **, join with sl st in beg sc.

Rnd 15: Ch 1, sc in first ch-2 sp, *[ch 2, sc in next ch-2 sp] 4 times, ch 5, sk next ch sp, (tr, ch 2, tr) in next ch sp, ch 5, sk next ch sp, shell, [ch 2, 2 tr in next ch sp] twice, ch 2, shell, ch 5, sk next ch sp, (tr, ch 2, tr) in next ch sp, ch 5, sk next ch sp**, sc in next ch-2 sp, rep from * around, ending last rep at **, join with sl st in beg sc.

Rnd 16: Ch 1, sc in first ch-2 sp, *[ch 2, sc in next ch-2 sp] 3 times, ch 5, sk next ch sp, (tr, ch 2, tr) in next ch sp, ch 5, sk next ch sp, shell, [ch 2, 2 tr in next ch sp] 3 times, ch 2, shell, ch 5, sk next ch sp, (tr, ch 2, tr) in next ch sp, ch 5, sk next ch sp**, sc in next ch-2 sp, rep from * around, ending last rep at **, join with sl st in beg sc.

Rnd 17: Ch 1, sc in first ch-2 sp, *[ch 2, sc in next ch-2 sp] twice, ch 5, sk next ch sp, (tr, ch 2, tr) in next ch sp, ch 5, sk next ch sp, shell, [ch 2, 2 tr in next ch sp] 4 times, ch 2, shell, ch 5, sk next ch sp, (tr, ch 2, tr) in next ch sp, ch 5, sk next ch sp**, sc in next ch-2 sp, rep from * around, ending last rep at **, join with sl st in beg sc.

Rnd 18: Ch 1, sc in first ch-2 sp, *ch 2, sc in next ch-2 sp, ch 5, sk next ch sp, (tr, ch 2, tr) in next ch sp, ch 5, sk next ch sp, shell, [ch 2, 2 tr in next ch sp] 5 times, ch 2, shell, ch 5, sk next ch sp, (tr, ch 2, tr) in next ch sp, ch 5, sk next ch sp**, sc in next ch-2 sp, rep from * around, ending last rep at **, join with sl st in beg sc.

Rnd 19: Ch 1, sc in first ch-2 sp, *ch 5, sk next ch sp, (tr, ch 2, tr) in next ch sp, ch 6, sk next ch sp, shell, [ch 2, 2 tr in next ch sp] 6 times, ch 2, shell, ch 6, sk next ch sp, (tr, ch 2, tr) in next ch sp, ch 5, sk next ch sp**, sc in next ch-2 sp, rep from * around, ending last rep at **, join with sl st in beg sc.

Rnd 20: Ch 1, sc in each tr around with (3 sc, **picot**—see Special Stitches, 3 sc) in each ch-2 sp, join with sl st in beg sc. Fasten off. ❏❏

Peach Parfait

SKILL LEVEL

INTERMEDIATE

FINISHED SIZE
11½ inches in diameter

MATERIALS
- ❏ Aunt Lydia's size 10 crochet cotton (350 yds per ball): 1 ball #424 light peach
- ❏ Size 7/1.65mm steel crochet hook or size needed to obtain gauge

GAUGE
Rnd 1 = ¾ inch in diameter

SPECIAL STITCH
Cluster (cl): Holding last lp of each st on hook, 3 dc in next ch sp, yo, pull through all lps on hook.

INSTRUCTIONS
DOILY

Rnd 1: Ch 6, sl st in first ch to form ring, ch 3 *(counts as first dc),* 17 dc in ring, join with sl st in 3rd ch of beg ch-3. *(18 dc)*

Rnd 2: Ch 3, dc in same st, ch 5, sk next 2 sts, [2 dc in next st, ch 5, sk next 2 sts] around, join with sl st in 3rd ch of beg ch-3.

Rnd 3: Ch 3, dc in next st, *ch 3, sc in next ch sp, ch 3**, dc in each of next 2 sts, rep from * around, ending last rep at **, join with sl st in 3rd ch of beg ch-3.

Rnd 4: Ch 3, dc in next st, *[ch 3, sc in next ch sp] twice, ch 3**, dc in each of next 2 sts, rep from * around, ending last rep at **, join with sl st in 3rd ch of beg ch-3.

Rnd 5: Ch 3, dc in next st, *ch 4, sk next ch sp, (sc, ch 6, sc) in next ch sp, ch 4**, dc in each of next 2 st, rep from * around, ending last rep at **, join with sl st in 3rd ch of beg ch-3.

Rnd 6: Ch 3, dc in next st, *ch 2, sc in next ch sp, ch 2, 7 dc in next ch-6 sp, ch 2, sc in next ch sp, ch 2**, dc in each of next 2 sts, rep from * around, ending last rep at **, join with sl st in 3rd ch of beg ch-3.

Rnd 7: Ch 3, dc in next st, *ch 2, sc in next ch sp, ch 2, [sc in next st, ch 2] 7 times, sc in next ch sp, ch 2**, dc in each of next 2 sts, rep from * around, ending last rep at **, join with sl st in 3rd ch of beg ch-3.

Rnd 8: Ch 3, dc in next st, *ch 2, sc in next ch sp, ch 3, sk next ch sp, [sc in next ch sp, ch 2] 5 times, sc in next ch sp, ch 3, sk next ch sp, sc in next ch sp, ch 2**, dc in each of next 2 sts, rep from * around, ending last rep at **, join with sl st in 3rd ch of beg ch-3.

Rnd 9: Ch 3, dc in next st, *ch 2, sc in next ch sp, ch 4, sk next ch sp, sc in next ch sp, [ch 2, sc in next ch sp] 4 times, ch 4, sk next ch sp, sc in next ch sp, ch 2**, dc in each of next 2 sts, rep from * around, ending last rep at **, join with sl st in 3rd ch of beg ch-3.

Rnd 10: Ch 3, dc in next st, *ch 2, sc in next ch sp, ch 5, sk next ch sp, sc in next ch sp, [ch 2, sc in next ch sp] 3 times, ch 5, sk next ch sp, sc in next ch sp, ch 2**, dc in each of next 2 sts, rep from * around, ending last rep at **, join with sl st in 3rd ch of beg ch-3.

Rnd 11: Ch 3, dc in next st, *ch 2, sc in next ch sp, ch 6, sk next ch sp, sc in next ch sp, [ch 2, sc in next ch sp] twice, ch 6, sk next ch sp, sc in next ch sp, ch 2**, dc in each of next 2 sts, rep from * around, ending last rep at **, join with sl st in 3rd ch of beg ch-3.

Rnd 12: Ch 3, dc in next st, *ch 2, sc in next ch sp, ch 8, sk next ch sp, sc in next ch sp, ch 2, sc in next ch sp, ch 8, sk next ch sp, sc in next ch sp, ch 2**, dc in each of next 2 sts, rep from * around, ending last rep at **, join with sl st in 3rd ch of beg ch-3.

Rnd 13: Ch 3, dc in next st, *ch 4, sc

in next ch sp, ch 5, **cl** (see Special Stitch) in next ch sp, ch 5, sc in next ch-2 sp, ch 5, cl in next ch sp, ch 5, sc in next ch sp, ch 4**, dc in each of next 2 sts, rep from * around, ending last rep at **, join with sl st in 3rd ch of beg ch-3.

Rnd 14: Ch 3, dc in next st, *ch 4, sc in next ch sp, ch 4, cl in next ch sp, ch 4, sc in next ch sp, ch 6, sc in next ch sp, ch 4, cl in next ch sp, ch 4, sc in next ch sp, ch 4**, dc in each of next 2 sts, rep from * around, ending last rep at **, join with sl st in 3rd ch of beg ch-3.

Rnd 15: Ch 3, dc in same st, *ch 2, 2 dc in next st, ch 4, sc in next ch sp, ch 4, cl in next ch sp, ch 4, sc in next ch sp, ch 3, 7 dc in next ch-6 sp, ch 3, sc in next ch sp, ch 4, cl in next ch sp, ch 4, sc in next ch sp, ch 4**, 2 dc in next st, rep from * around, ending last rep at **, join with sl st in 3rd ch of beg ch-3.

Rnd 16: Ch 3, dc in next st, *ch 3, dc in each of next 2 sts, ch 4, sc in next ch sp, ch 4, cl in next ch sp, ch 4, sc in next ch sp, ch 3, sc in next st, [ch 2, sc in next st] 6 times, ch 3, sc in next ch sp, ch 4, cl in next ch sp, ch 4, sc in next ch sp, ch 4**, dc in each of next 2 sts, rep from * around, ending last rep at **, join with sl st in 3rd ch of beg ch-3.

Rnd 17: Ch 3, *2 dc in next st, ch 3, 2 dc in next st, dc in next st, ch 4, sc in next ch sp, ch 4, cl in next ch sp, ch 4, sc in next ch sp, ch 4, sk next ch sp, sc in next ch sp, [ch 2, sc in next ch sp] 5 times, ch 4, sk next ch sp, sc in next ch sp, ch 4, cl in next ch sp, ch 4, sc in next ch sp, ch 4**, dc in next st, rep from * around, ending last rep at **, join with sl st in 3rd ch of beg ch-3.

Rnd 18: Ch 3, *dc in next st, 2 dc in next st, ch 3, 2 dc in next st, dc in each of next 2 sts, ch 4, sc in next ch sp, ch 4, cl in next ch sp, ch 4, sc in next ch sp, ch 5, sk next ch sp, sc in next ch sp, [ch 2, sc in next ch sp] 4 times, ch 5, sk next ch sp, sc in next ch sp, ch 4, cl in next ch sp, ch 4, sc in next ch sp, ch 4**, dc in next st, rep from * around, ending last rep at **, join with sl st in 3rd ch of beg ch-3.

Rnd 19: Ch 3, *dc in each of next 2 sts, 2 dc in next st, ch 3, 2 dc in next st, dc in each of next 3 sts, ch 4, sc in next ch sp, ch 4, cl in next ch sp, ch 4, sc in next ch sp, ch 6, sk next ch sp, sc in next ch sp, [ch 2, sc in next ch sp] 3 times, ch 6, sk next ch sp, sc in next ch sp, ch 4, cl in next ch sp, ch 4, sc in next ch sp, ch 4**, dc in next st, rep from * around, ending last rep at **, join with sl st in 3rd ch of beg ch-3.

Rnd 20: Ch 3, *dc in each of next 3 sts, 2 dc in next st, ch 4, 2 dc in next st, dc in each of next 4 sts, ch 4, sc in next ch sp, ch 4, cl in next ch sp, ch 4, sc in next ch sp, ch 7, sk next ch sp, sc in next ch sp, [ch 2, sc in next ch sp] twice, ch 7, sk next ch sp, sc in next ch sp, ch 4, cl in next ch sp, ch 4, sc in next ch sp, ch 4**, dc in next st, rep from * around, ending last rep at **, join with sl st in 3rd ch of beg ch-3.

Rnd 21: Ch 3, *dc in each of next 4 sts, 2 dc in next st, ch 4, 2 dc in next st, dc in each of next 5 sts, ch 4, sc in next ch sp, ch 4, cl in next ch sp, ch 4, sc in next ch sp, ch 8, sk next ch sp, sc in next ch sp, ch 2, sc in next ch sp, ch 8, sk next ch sp, sc in next ch sp, ch 4, cl in next ch sp, ch 4, sc in next ch sp, ch 4**, dc in next st, rep from * around, ending last rep at **, join with sl st in 3rd ch of beg ch-3.

Rnd 22: Ch 3, *dc in each of next 5 sts, 2 dc in next st, ch 6, 2 dc in next st, dc in each of next 6 sts, ch 4, sc in next ch sp, ch 4, cl in next ch sp, ch 4, sc in next ch sp, ch 9, sk next ch sp, sc in next ch sp, ch 9, sk next ch sp, sc in next ch sp, ch 4, cl in next ch sp, ch 4, sc in next ch sp, ch 4**, dc in next st, rep from * around, ending last rep at **, join with sl st in 3rd ch of beg ch-3.

Rnd 23: Ch 3, *dc in each of next 7 sts, ch 3, sc in next ch sp, ch 3, dc in each of next 8 sts, ch 4, sc in next ch sp, ch 4, cl in next ch sp, ch 4, sc in next ch sp, ch 5, sc in next ch-9 sp, ch 6, sc in next ch-9 sp, ch 5, sc in next ch sp, ch 4, cl in next ch sp, ch 4, sc in next ch sp, ch 4**, dc in next st, rep from * around, ending last rep at **, join with sl st in 3rd ch of beg ch-3.

Rnd 24: Ch 2 (does not count as st), **dc dec** (see Stitch Guide) in next 7 sts, *ch 5, sc in next ch sp, ch 3, sc in next ch sp, ch 5, dc dec in next 8 sts, ch 5, (sc, ch 4, sc) in next ch sp, ch 4, sc in next ch sp, ch 4, sc in next cl, ch 4, sc in next ch sp, ch 4, ({sc, ch 4} twice) in each of next 3 ch sps, sc in next ch sp, ch 4, sc in next cl, ch 4, sc in next ch sp, ch 4, (sc, ch 4, sc) in next ch sp, ch 5**, dc dec in next 8 sts, rep from * around, ending last rep at **, join with sl st in beg dc dec.

Rnd 25: [Ch 5, sl st in 3rd ch from hook, ch 2, sc in next ch sp] around, ending with ch 5, sl st in 3rd ch from hook, ch 2, join with sl st in base of beg ch-5. Fasten off. ❏❏

SKILL LEVEL

INTERMEDIATE

FINISHED SIZE

10 inches in diameter

MATERIALS

❏ Aunt Lydia's Classic size 10 crochet cotton (1000 yds per ball):
   1 ball #226 natural
❏ Size 6/1.80mm steel hook or size needed to obtain gauge

GAUGE

Rnd 1 = 1 inches in diameter

INSTRUCTIONS

DOILY

Rnd 1: Ch 6, sl st in first ch to form ring, ch 4 *(counts as first tr)*, tr in ring, ch 2, [2 tr in ring, ch 2] 7 times, join with sl st in 4th ch of beg ch-4.

Rnd 2: Ch 4, tr in next st, ch 3, [tr in each of next 2 sts, ch 3] around, join with sl st in 4th ch of beg ch-4.

Rnd 3: Ch 4, tr in next st, *ch 3, (tr, ch 2, tr) in next ch sp, ch 3**, tr in each of next 2 sts, rep from * around, ending last rep at **, join with sl st in 4th ch of beg ch-4.

Rnd 4: Ch 4, tr in next st, *ch 3, sk next ch sp, (tr, ch 2, tr) in next ch sp, ch 3, sk next ch sp**, tr in each of next 2 sts, rep from * around, ending last rep at **, join with sl st in 4th ch of beg ch-4.

Rnd 5: Ch 4, tr in next st, *ch 3, sk next ch sp, (2 tr, ch 2, 2 tr) in next ch sp, ch 3, sk next ch sp**, tr in each of next 2 sts, rep from * around, ending last rep at **, join with sl st in 4th ch of beg ch-4.

Rnd 6: Ch 4, tr in next st, *ch 5, sk next ch sp, (3 tr, ch 2, 3 tr) in next ch sp, ch 5, sk next ch sp**, tr in each of next 2 sts, rep from * around, ending last rep at **, join with sl st in 4th ch of beg ch-4.

Rnd 7: Ch 4, tr in next st, *ch 4, sc in next ch sp, ch 4, ({2 tr, ch 2} twice, 2 tr) in next ch sp, ch 4, sc in next ch sp, ch 4**, tr in each of next 2 sts, rep

from * around, ending last rep at **, join with sl st in 4th ch of beg ch-4.

Rnd 8: Ch 4, tr in next st, *[ch 4, sc in next ch sp] twice, ch 4, (2 tr, ch 2, 2 tr) in next ch sp, ch 2, (2 tr, ch 2, 2 tr) in next ch sp, ch 4, [sc in next ch sp, ch 4] twice**, tr in each of next 2 sts, rep from * around, ending last rep at **, join with sl st in 4th ch of beg ch-4.

Rnd 9: Ch 1, sc in first st, *ch 6, sc in next ch sp, ch 4, sk next ch sp, sc in next ch sp, ch 4, (3 tr, ch 2, 3 tr) in next ch sp, ch 2, sk next ch sp, (3 tr, ch 2, 3 tr) in next ch sp, ch 4, sc in next ch sp, ch 4, sk next ch sp**, sc in next ch sp, rep from * around, ending last rep at **, ch 4, sc in next ch sp, ch 4, join with sl st in beg sc.

Rnd 10: Sl st in first ch sp, ch 4, 8 tr in same ch sp, *ch 4, sk next ch sp, sc in next ch sp, ch 4, (3 tr, ch 2, 3 tr) in next ch sp, ch 3, sk next ch sp, (3 tr, ch 2, 3 tr) in next ch sp, ch 4, sc in next ch sp, ch 4, sk next ch sp**, 9 tr in next ch sp, rep from * around, ending last rep at **, join with sl st in 4th ch of beg ch-4.

Rnd 11: Ch 1, sc in first st, [ch 2, sc in next st] 8 times, *ch 4, sk next ch

sp, sc in next ch sp, ch 4, (3 tr, ch 2, 3 tr) in next ch sp, ch 2, (tr, ch 1, tr) in next ch sp, ch 2, (3 tr, ch 2, 3 tr) in next ch sp, ch 4, sc in next ch sp, ch 4, sk next ch sp**, sc in next st, rep from * around, ending last rep at **, join with sl st in beg sc.

Rnd 12: Sl st in first ch sp, ch 3, **tr dec** *(see Stitch Guide)* in next 7 ch sps, *ch 6, sk next ch sp, sc in next ch sp, ch 4, ({2 tr, ch 2} twice, 2 tr) in next ch sp, ch 4, sk next ch sp, sc in next ch sp, ch 4, sk next ch sp, ({2 tr, ch 2} twice, 2 tr) in next ch sp, ch 4, sc in next ch sp, ch 6, sk next ch sp**, tr dec in next 8 ch sps, rep from * around, ending last rep at **, join with sl st in top of first tr dec.

Rnd 13: Sl st in first ch sp, ch 1, ({sc, ch 3} 3 times, sc) in same ch sp, *[ch 3, (sc, ch 3, sc) in next ch sp] 8 times, ch 3, ({sc, ch 3} 3 times, sc) in next ch sp**, ch 3, ({sc, ch 3} 3 times, sc) in next ch sp, rep from * around, ending last rep at **, ch 3, ({sc, ch 3} 3 times, sc) in next ch sp, rep from * around, ending last rep at **, join with sl st in beg sc. Fasten off. ❏❏

Silver Cones

SKILL LEVEL

INTERMEDIATE

FINISHED SIZE
8 inches in diameter

MATERIALS
- ❑ Size 10 crochet cotton:
  150 yds silver
- ❑ Size 7/1.65mm steel hook or
  size needed to obtain gauge

GAUGE
Rnd 1 = 1 inch in diameter

SPECIAL STITCH
Cluster (cl): Holding last lp on hook, 3 tr in next ch sp, yo, pull through all lps on hook.

INSTRUCTIONS
DOILY
Rnd 1: Ch 6, sl st in first ch to form ring, ch 4 *(counts as first tr)*, 23 tr in ring, join with sl st in 4th ch of beg ch-4. *(24 tr)*

Rnd 2: Ch 1, sc in first st, ch 4, sk next 2 sts, [sc in next st, ch 4, sk next 2 sts] around, join with sl st in beg sc.

Rnd 3: Sl st in first ch sp, ch 4, (tr, ch 3, sc, ch 3, 2 tr) in same ch sp, *ch 4, sc in next ch sp, ch 4**, (2 tr, ch 3, sc, ch 3, 2 tr) in next ch sp, rep from * around, ending last rep at **, join with sl st in 4th ch of beg ch-4.

Rnd 4: Ch 4, tr in next st, tr in next ch sp, *ch 2, tr in next ch sp, tr in each of next 2 sts, ch 5, sc in next ch sp, ch 3, sc in next ch sp, ch 5**, tr in each of next 2 sts, tr in next ch sp, rep from * around, ending last rep at **, join with sl st in 4th ch of beg ch-4.

Rnd 5: Ch 4, tr in each of next 2 sts, *ch 3, sc in next ch sp, ch 3, tr in each of next 3 sts, ch 4, sc in next ch sp, ch 3, **cl** *(see Special Stitches)* in next ch sp, ch 3, sc in next ch sp, ch 4**, tr in each of next 3 sts, rep from * around, ending last rep at **, join with sl st in 4th ch of beg ch-4.

Rnd 6: Ch 4, tr in each of next 2 sts, *ch 4, sk next 2 ch sps, tr in each of next 3 sts, ch 4, sc in next ch sp, ch 3, [cl in next ch sp, ch 3] twice, sc in next ch sp, ch 4**, tr in each of next 3 sts, rep from * around, ending last rep at **, join with sl st in 4th ch of beg ch 4.

Rnd 7: Ch 4, tr in each of next 2 sts, *ch 4, sc in next ch sp, ch 4, tr in each of next 3 sts, ch 4, sc in next ch sp, [ch 3, cl in next ch sp] 3 times, ch 3, sc in next ch sp, ch 4**, tr in each of next 3 sts, rep from * around, ending last rep at **, join with sl st in 4th ch of beg ch-4.

Rnd 8: Ch 1, sc in next tr, *ch 9, sk next 2 ch sps and next tr, sc in next tr, ch 5, sk next ch sp, [cl in next ch sp, ch 3] 3 times, cl in next ch sp, ch 5, sk next ch sp and next tr**, sc in next tr, rep from * around, ending last rep at **, join with sl st in beg sc.

Rnd 9: Ch 1, sc in first st, ch 3, (2 tr, ch 1, 2 tr) in next ch sp, *ch 3, sc in next sc, ch 3, (2 tr, ch 1, 2 tr) in next ch sp, ch 3, sc in same ch sp, ch 3, [cl in next ch sp, ch 2] twice, cl in next ch sp, ch 3, sc in next ch sp, ch 3, (2 tr, ch 1, 2 tr) in same ch sp, ch 3**, sc in next sc, ch 3, (2 tr, ch 1, 2 tr) in next ch sp, rep from * around, ending with last rep at **, join with sl st in beg sc.

Rnd 10: Sl st in first ch sp, ch 1, sc in same ch sp, *ch 3, (2 tr, ch 1, 2 tr) in next ch sp, [ch 3, sc in next ch sp] twice, ch 3, (2 tr, ch 1, 2 tr) in next ch sp, ch 3, [sc in next ch sp, ch 3] twice, cl in next ch sp, ch 2, cl in next ch sp, ch 3, [sc in next ch sp, ch 3] twice, (2 tr, ch 1, 2 tr) in next ch sp**, [ch 3, sc in next sc] twice, rep from * around, ending last rep at **, ch 3, sc in next ch sp, ch 3, join with sl st in beg sc.

Rnd 11: Sl st in first ch sp, ch 1, sc in same ch sp, ch 4, [sc in next ch sp, ch 4] 8 times, *cl in next ch sp, ch 4**, [sc in next ch sp, ch 4] 15 times, rep from * around, ending last rep at **, [sc in next ch sp, ch 4] around, join with sl st in beg sc.

Rnds 12 & 13: Sl st in first ch sp, ch 1, sc in same ch sp, ch 4, [sc in next ch sp, ch 4] around, join with sl st in beg sc.

Rnd 14: Sl st in first ch sp, ch 1, ({sc, ch 3} twice) in same ch sp and in each ch sp around, join with sl st in beg sc. Fasten off. ❑❑

Fanfare

SKILL LEVEL

INTERMEDIATE

FINISHED SIZE
13 inches in diameter

MATERIALS
❑ DMC Cebelia size 10 crochet cotton (282 yds per ball):
  1 ball ecru
❑ Size 6/1.80mm steel hook or size needed to obtain gauge

GAUGE
Rnd 1 = 1 inch in diameter

INSTRUCTIONS
DOILY

Rnd 1: Ch 8, sl st in first ch to form ring, ch 3 *(counts as first dc)*, 23 dc in ring, join with sl st in 3rd ch of beg ch-3. *(24 dc)*

Rnd 2: Ch 4, 2 tr in same st, *ch 5, sk next st, sc in next st, ch 5, sk next st**, 3 tr in next st, rep from * around, ending last rep at **, join with sl st in 4th ch of beg ch-4.

Rnd 3: Ch 4, tr in each of next 2 sts, *ch 5, sc in next ch sp, ch 3, sc in next ch sp, ch 5**, tr in each of next 3 sts, rep from * around, ending last rep at **, join with sl st in 4th ch of beg ch-4.

Rnd 4: Ch 6 *(counts as first tr and ch-2 sp)*, *sk next st, tr in next st, ch 6, sc in next ch sp, ch 3, (tr, ch 2, tr) in next ch sp, ch 3, sc in next ch sp, ch 6**, tr in next st, ch 2, rep from * around, ending last rep at **, join with sl st in 4th ch of beg ch-6.

Rnd 5: Ch 1, (sc, ch 5, sc) in first ch sp, *ch 3, sc in next ch sp, ch 3, sk next ch sp, (2 tr, ch 3, 2 tr) in next ch sp, ch 3, sk next ch sp, sc in next ch sp, ch 3**, (sc, ch 5, sc) in next ch sp, rep from * around, ending last rep at **, join with sl st in beg sc.

Rnd 6: Sl st in next ch sp, ch 4, 8 tr in same ch sp, *ch 3, sc in next ch sp, ch 5, sk next ch sp, (3 tr, ch 3, 3 tr) in next ch sp, ch 5, sk next ch sp, sc in next ch sp, ch 3**, 9 tr in next ch sp, rep from * around, ending last

rep at **, join with sl st in 4th ch of beg ch-4.

Rnd 7: Ch 5 *(counts as first tr and ch-1 sp)*, tr in next st, [ch 1, tr in next st] 7 times, *ch 5, sk next ch sp, sc in next ch sp, ch 5, ({2 tr, ch 2} twice, 2 tr) in next ch sp, ch 5, sc in next ch sp, ch 5, sk next ch sp**, tr in next tr, [ch 1, tr in next st] 8 times, rep from * around, ending last rep at **, join with sl st in 4th ch of beg ch-5.

Rnd 8: Ch 1, sc in first ch sp, *[ch 2, sc in next ch sp] 7 times, ch 4, sc in next ch sp, ch 3, sc in next ch sp, ch 4, 3 tr in next ch-2 sp, ch 3, 3 tr in next ch-2 sp, ch 4, sc in next ch sp, ch 3, sc in next ch sp, ch 4**, sc in next ch-1 sp, rep from * around, ending last rep at **, join with sl st in beg sc.

Rnd 9: Ch 1, sc in first ch-2 sp, *[ch 2, sc in next ch-2 sp] 6 times, ch 4, sk next ch sp, sc in next ch sp, ch 5, sk next ch sp, ({2 tr, ch 2} twice, 2 tr) in next ch sp, ch 5, sk next ch sp, sc in next ch sp, ch 4, sk next ch sp**, sc in next ch-2 sp, rep from * around, ending last rep at **, join with sl st in beg sc.

Rnd 10: Ch 1, sc in first ch-2 sp, *[ch

2, sc in next ch-2 sp] 5 times, ch 4, sk next ch sp, sc in next ch sp, ch 5, (3 tr, ch 2, 3 tr) in next ch sp, ch 2, (3 tr, ch 2, 3 tr) in next ch sp, ch 5, sc in next ch sp, ch 4, sk next ch sp**, sc in next ch-2 sp, rep from * around, ending last rep at **, join with sl st in beg sc.

Rnd 11: Ch 1, sc in first ch-2 sp, *[ch 2, sc in next ch-2 sp] 4 times, ch 5, sk next ch sp, sc in next ch sp, ch 5, (2 tr, ch 2, 2 tr) in next ch sp, ch 2, 2 tr in next ch sp, ch 2, (2 tr, ch 2, 2 tr) in next ch sp, ch 5, sc in next ch sp, ch 5, sk next ch sp**, sc in next ch-2 sp, rep from * around, ending last rep at **, join with sl st in beg sc.

Rnd 12: Ch 1, sc in first ch-2 sp, *[ch 2, sc in next ch-2 sp] 3 times, ch 5, sk next ch sp, sc in next ch sp, ch 5, (3 tr, ch 2, 3 tr) in next ch sp, ch 2, [3 tr in next ch sp, ch 2] twice, (3 tr, ch 2, 3 tr) in next ch sp, ch 5, sc in next ch sp, ch 5, sk next ch sp**, sc in next ch-2 sp, rep from * around, ending last rep at **, join with sl st in beg sc.

Rnd 13: Ch 1, sc in first ch-2 sp, *[ch 2, sc in next ch-2 sp] twice, ch 7, sk next ch sp, sc in next ch sp, ch 5,

[(2 tr, ch 2, 2 tr) in next ch sp, ch 2] 4 times, (2 tr, ch 2, 2 tr) in next ch sp, ch 5, sc in next ch sp, ch 4, sk next ch sp**, sc in next ch-2 sp, rep from * around, ending last rep at **, join with sl st in beg sc.

Rnd 14: Ch 1, sc in first ch-2 sp, *ch 2, sc in next ch-2 sp, ch 8, sk next ch sp, sc in next ch sp, ch 5, (3 tr, ch 2, 3 tr) in next ch sp, [ch 2, (3 tr, ch 2, 3 tr) in next ch sp] 4 times, ch

5, sc in next ch sp, ch 8, sk next ch sp**, sc in next ch-2 sp, rep from * around, ending last rep at **, join with sl st in beg sc.

Rnd 15: Ch 1, sc in first ch-2 sp, *ch 9, sk next ch sp, sc in next ch sp, ch 5, (2 tr, ch 2, 2 tr) in next ch sp, [ch 4, sc in next ch sp, ch 4, (2 tr, ch 2, 2 tr) in next ch sp] 4 times, ch 5, sc in next ch sp, ch 9, sk next ch sp**, sc in next ch-2 sp, rep from * around, ending

last rep at **, join with sl st in beg sc.

Rnd 16: Ch 1, sc in first st, *ch 10, sk next ch sp, sc in next ch sp, ch 5, (3 tr, ch 2, 3 tr) in next ch sp, [ch 4, sc in next ch sp, ch 2, sc in next ch sp, ch 4, (3 tr, ch 2, 3 tr) in next ch sp] 4 times, ch 5, sc in next ch sp, ch 10, sk next ch sp**, sc in next st, rep from * around, ending last rep at **, join with sl st in beg sc. Fasten off. ❏❏

Regency

SKILL LEVEL

INTERMEDIATE

FINISHED SIZE
11 inches in diameter

MATERIALS
- ❏ Aunt Lydia's Classic size 10 crochet cotton (400 yds per ball):
  1 ball #419 ecru
- ❏ Size 6/1.80mm steel crochet hook or size needed to obtain gauge

GAUGE
Rnds 1 and 2 = 1¾ inches in diameter

INSTRUCTIONS
DOILY
Rnd 1: Ch 6, sl st in first ch to form ring, ch 4 *(counts as first dc and ch-1 sp)*, [dc in ring, ch 1] 11 times, join with sl st in 3rd ch of beg ch-4. *(12 ch sps)*

Rnd 2: Sl st across to first ch sp, ch 4 *(counts as first tr)*, tr in same ch sp, ch 2, [2 tr in next ch sp, ch 2] around, join with sl st in 4th ch of beg ch-4.

Rnd 3: Sl st across to first ch sp, ch 4, 2 tr in same ch sp, ch 3, [3 tr in next ch sp, ch 3] around, join with sl st in 4th ch of beg ch-4.

Rnd 4: Sl st across to first ch sp, ch 4, 3 tr in same ch sp, ch 4, [4 tr in next ch sp, ch 4] around, join with sl st in 4th ch of beg ch-4.

Rnd 5: Sl st across to first ch sp, ch 4, 4 tr in same ch sp, ch 5, [5 tr in

next ch sp, ch 5] around, join with sl st in 4th ch of beg ch-4.

Rnd 6: Sl st across to first ch sp, ch 4, 5 tr in same ch sp, ch 6, [6 tr in next ch sp, ch 6] around, join with sl st in 4th ch of beg ch-4.

Rnd 7: Sl st in each of next 2 sts, ch 1, sc in next st, ch 3, *(sc, ch 5, sc) in next ch sp, ch 3**, sk next 3 sts, sc in next st, ch 3, rep from * around, ending last rep at **, join with sl st in beg sc.

Rnd 8: Ch 1, sc in first ch sp, *ch 3, 9 dc in next ch-5 sp, ch 3, sc in next ch sp, ch 2**, sc in next ch sp, rep

from * around, ending last rep at **, join with sl st in beg sc.

Rnd 9: Sl st in each of next 3 chs, sl st in next st, ch 4 *(counts as first dc and ch-1 sp)*, *dc in next st, [ch 1, dc in next st] 7 times, ch 3, sk next ch sp, sc in next ch sp, ch 3, sk next ch sp**, dc in next st, ch 1, rep from * around, ending last rep at **, join with sl st in 3rd ch of beg ch-4.

Rnd 10: Ch 1, sc in first ch-1 sp, *[ch 2, sc in next ch-1 sp] 7 times, ch 5, sk next 2 ch sps**, sc in next ch-1 sp, rep from * around, ending last rep at **, join with sl st in beg sc.

Rnd 11: Ch 1, sc in first ch-2 sp, *[ch 2, sc in next ch-2 sp] 6 times, ch 6, sk next ch sp**, sc in next ch-2 sp, rep from * around, ending last rep at **, join with sl st in beg sc.

Rnd 12: Ch 1, sc in first ch-2 sp, *[ch 2, sc in next ch-2 sp] 5 times, ch 7, sk next ch sp**, sc in next ch-2 sp, rep from * around, ending last rep at **, join with sl st in beg sc.

Rnd 13: Ch 1, sc in first ch-2 sp, *[ch 2, sc in next ch-2 sp] 4 times, ch 8, sk next ch sp**, sc in next ch-2 sp, rep from * around, ending last rep at **, join with sl st in beg sc.

Rnd 14: Ch 1, sc in first ch-2 sp, *[ch 2, sc in next ch-2 sp] 3 times, ch 5, sc in next ch sp, ch 5**, sc in next ch-2 sp, rep from * around, ending last rep at **, join with sl st in beg sc.

Rnd 15: Ch 1, sc in first ch-2 sp, *[ch 2, sc in next ch-2 sp] twice, ch 5, sc in next ch sp, ch 4, sc in next ch sp, ch 5**, sc in next ch-2 sp, rep from * around, ending last rep at **, join with sl st in beg sc.

Rnd 16: Ch 1, sc in first ch-2 sp, *ch 2, sc in next ch-2 sp, ch 5, sc in next ch sp, ch 3, (tr, ch 2, tr) in next ch sp, ch 3, sc in next ch sp, ch 5**, sc in next ch-2 sp, rep from * around, ending last rep at **, join with sl st in beg sc.

Rnd 17: Ch 1, sc in first ch-2 sp, *ch 5, sc in next ch sp, ch 5, sk next ch sp, (2 tr, ch 2, 2 tr) in next ch sp, ch 5, sk next ch sp, sc in next ch sp, ch 5**, sc in next ch-2 sp, rep from * around, ending last rep at **, join with sl st in beg sc.

Rnd 18: Sl st in each of first 2 chs, ch 1, sc in same ch sp, ch 5, sc in next ch sp, ch 5, *({2 dc, ch 2} twice, 2 dc) in next ch sp**, ch 5, [sc in next ch sp, ch 5] 4 times, rep from * around, ending last rep at **, ch 5, [sc in next ch sp, ch 5] around, join with sl st in beg sc.

Rnd 19: Sl st in each of first 2 chs, ch 1, sc in same ch sp, ch 5, sc in next ch sp, ch 5, *(2 tr, ch 2, 2 tr) in next ch sp, ch 2, (2 tr, ch 2, 2 tr) in next ch sp, [ch 5, sc in next ch sp] twice, ch 5, (dc, ch 2, dc) in next ch sp**, [ch 5, sc in next ch sp] twice, ch 5, rep from * around, ending last rep at **, ch 5, join with sl st in beg sc.

Rnd 20: Ch 1, ({sc, ch 2} twice) in each ch sp around, join with sl st in beg sc. Fasten off. ❏❏

Spring Green

SKILL LEVEL

INTERMEDIATE

FINISHED SIZE
7 inches in diameter

MATERIALS
❏ DMC Cebelia size 10 crochet cotton (282 yds per ball):
  1 ball #745 banana yellow
  1 ball #955 nile green
❏ Size 7/1.65mm steel hook or size needed to obtain gauge

GAUGE
Rnds 1 and 2 = 1 inch in diameter

INSTRUCTIONS
DOILY
Rnd 1: With yellow, ch 6, sl st in first ch to form ring, ch 1, 12 sc in ring, join with sl st in beg sc. *(12 sc)*

Rnd 2: Ch 3 *(counts as first dc)*, dc in same st, 2 dc in each st around, join with sl st in 3rd ch of beg ch-3. *(24 dc)*

Rnd 3: Ch 3, dc in each of next 2 sts, ch 2, [dc in each of next 3 sts, ch 2] around, join with sl st in 3rd ch of beg ch-3.

Rnd 4: Ch 3, dc in each of next 2 sts,

ch 3, [dc in each of next 3 sts, ch 3] around, join with sl st in 3rd ch of beg ch-3. Fasten off.

Rnd 5: Join green with sl st in first st, ch

3, dc in each of next 3 sts, *working in front of ch sp on last rnd, 3 tr in ch sp on rnd 3**, dc in each of next 3 sts, rep from * around, ending last rep at **, join with sl st in 3rd ch of beg ch-3.

Rnd 6: Sl st in each of next 3 sts, ch 3, dc in each of next 2 sts, *ch 6, sk next 3 sts**, dc in each of next 3 sts, rep from * around, ending last rep at **, join with sl st in 3rd ch of beg ch-3.

Rnd 7: Ch 3, dc in each of next 2 sts, *ch 4, dc in next ch sp, ch 4**, dc in each of next 3 sts, rep from * around, ending last rep at **, join with sl st in 3rd ch of beg ch-3.

Rnd 8: Ch 3, dc in each of next 2 sts, *ch 3, sc in next ch sp, ch 3, dc in next st, ch 3, sc in next ch sp, ch 3**, dc in each of next 3 sts, rep from * around, ending last rep at **, join with sl st in 3rd ch of beg ch-3.

Rnd 9: Ch 3, dc in each of next 2 sts, *[ch 3, sc in next ch sp] twice, ch 3, dc in next st, [ch 3, sc in next ch sp] twice, ch 3**, dc in each of next 3 sts,

rep from * around, ending last rep at **, join with sl st in 3rd ch of beg ch-3.

Rnd 10: Ch 3, dc in each of next 2 sts, *ch 3, sk next 2 ch sps, (dc, ch 1, dc) in next ch sp, ch 1, dc in next st, ch 1, (dc, ch 1, dc) in next ch sp, ch 3, sk next 2 ch sps**, dc in each of next 3 sts, rep from * around, ending last rep at **, join with sl st in 3rd ch of beg ch-3.

Rnd 11: Ch 3, dc in each of next 2 sts, *ch 3, sk next ch sp, sc in next ch sp, ch 7, sk next 2 ch sps, sc in next ch sp, ch 3, sk next ch sp**, dc in each of next 3 sts, rep from * around, ending last rep at **, join with sl st in 3rd ch of beg ch-3.

Rnd 12: Ch 3, dc in each of next 2 sts, *ch 5, sk next ch sp, 9 dc in next ch sp, ch 5, sk next ch sp**, dc in each of next 3 sts, rep from * around, ending last rep at **, join with sl st in 3rd ch of beg ch-3.

Rnd 13: Ch 3, dc in each of next 2 sts, *ch 5, sk next ch sp, dc in next st, [ch 1, dc in next st] 8 times, ch 5, sk next ch sp**, dc in each of next 3 sts, rep from * around, ending last rep at **, join with sl st in 3rd ch of beg ch-3. Fasten off.

Rnd 14: Join yellow, with sc in first st, sc in each of next 2 sts, *ch 5, sk next ch sp, sc in next ch sp, [ch 2, sc in next ch sp] 7 times, ch 5, sk next ch sp**, sc in each of next 3 sts, rep from * around, ending last rep at **, join with sl st in beg sc.

Rnd 15: Ch 1, sc in each of first 3 sts, *ch 2, sc in next ch sp, ch 2, (sc, ch 3, sc) in each of next 7 ch sps, ch 2, sc in next ch sp, ch 2**, sc in each of next 3 sts, rep from * around, ending last rep at **, join with sl st in beg sc. Fasten off. ❑❑

Starflower

FINISHED SIZE
8½ inches in diameter

MATERIALS
❑ Size 10 crochet cotton:
    200 yds linen
❑ Size 7/1.65mm steel hook or size needed to obtain gauge

GAUGE
Rnds 1 and 2 = 1¾ inches in diameter

SPECIAL STITCHES
2-treble crochet cluster (2-tr cl): Holding last lp of each st on hook, 2 tr in next st or ch sp, yo, pull through all lps on hook.

3-treble crochet cluster (3-tr cl): Holding last lp of each st on hook, 3 tr in next st or ch sp, yo, pull through all lps on hook.

Picot: Ch 3, sl st in 3rd ch from hook.

INSTRUCTIONS
DOILY
Rnd 1: Ch 6, sl st in first ch to form ring,

ch 1, (sc, ch 4, **2-tr cl**—*see Special Stitches*, ch 4, sc) 5 times in ring, join with sl st in beg sc. *(5 2-tr cls)*

Rnd 2: Sl st in each of next 4 chs, ch 1, sc in top of 2-tr cl, ch 5 *(counts*

as first tr and ch-1 sp), tr in same st, ch 8, [(tr, ch 1, tr) in top of next 2-tr cl, ch 8] around, join with sl st in 4th ch of beg ch-5.

Rnd 3: Sl st in next ch sp, ch 4, (tr,

ch 2, 2 tr) in same ch sp, *ch 5, sc in next ch sp, ch 5**, (2 tr, ch 2, 2 tr) in next ch sp, rep from * around, ending last rep at **, join with sl st in 4th ch of beg ch-4.

Rnd 4: Sl st across to first ch sp, ch 4, (2 tr, ch 2, 3 tr) in same ch sp, *ch 4, [sc in next ch sp, ch 4] twice**, (3 tr, ch 2, 3 tr) in next ch sp, rep from * around, ending last rep at **, join with sl st in 4th ch of beg ch-4.

Rnd 5: Sl st across to first ch sp, ch 4, (2 tr, ch 2, 3 tr) in same ch sp, *ch 4, [sc in next ch sp, ch 4] 3 times**, (3 tr, ch 2, 3 tr) in next ch sp, rep from * around, ending last rep at **, join with sl st in 4th ch of beg ch-4.

Rnd 6: Sl st across to first ch sp, ch 4, (tr, {ch 2, 2 tr} twice) in same ch sp, *ch 4, sc in next ch sp, ch 4, **3-tr cl** *(see Special Stitches)* in next ch sp, ch 2, 3-tr cl in next ch sp, ch 4, sc in next ch sp, ch 4**, ({2 tr, ch 2} twice, 2 tr) in next ch sp, rep from * around, ending last rep at **, join

with sl st in 4th ch of beg ch-4.

Rnd 7: Sl st across to first ch sp, ch 4, (2 tr, ch 2, 3 tr) in same ch sp, *ch 2, (3 tr, ch 2, 3 tr) in next ch sp, ch 4, sc in next ch sp, ch 4, 3-tr cl in next ch sp, [ch 2, 3-tr cl in next ch sp] twice, ch 4, sc in next ch sp, ch 4**, (3 tr, ch 2, 3 tr) in next ch sp, rep from * around, ending last rep at **, join with sl st in 4th ch of beg ch-4.

Rnd 8: Sl st across to first ch sp, ch 4, (tr, ch 2, 2 tr) in same ch sp, *ch 2, (tr, ch 1, tr) in next ch sp, ch 2, (2 tr, ch 2, 2 tr) in next ch sp, ch 4, sc in next ch sp, ch 4, 3-tr cl in next ch sp, [ch 2, 3-tr cl in next ch sp] 3 times, ch 4, sc in next ch sp, ch 4**, (2 tr, ch 2, 2 tr) in next ch sp, rep from * around, ending last rep at **, join with sl st in 4th ch of beg ch-4.

Rnd 9: Sl st across to first ch sp, ch 4, (2 tr, ch 2, 3 tr) in same ch sp, *ch 2, sk next ch sp, (tr, ch 1, tr) in next ch sp, ch 2, sk next ch sp, (3 tr, ch 2, 3 tr) in next ch sp, [ch 4, sc in next

ch sp] twice, ch 4, 3-tr cl in next ch sp, [ch 2, 3-tr cl in next ch sp] twice, [ch 4, sc in next ch sp] twice, ch 4**, (3 tr, ch 2, 3 tr) in next ch sp, rep from * around, ending last rep at **, join with sl st in 4th ch of beg ch-4.

Rnd 10: Sl st across to first ch sp, ch 4, (tr, {ch 2, 2 tr} twice) in same ch sp, ch 4, sk next ch sp, (2 tr, ch 2, 2 tr) in next ch sp, ch 4, sk next ch sp, ({2 tr, ch 2} twice, 2 tr) in next ch sp, [ch 4, sc in next ch sp] 3 times, ch 4, 3-tr cl in next ch sp, ch 2, 3-tr cl in next ch sp, [ch 4, sc in next ch sp] 3 times, ch 4**, ({2 tr, ch 2} twice, 2 tr) in next ch sp, rep from * around, ending last rep at **, join with sl st in 4th ch of beg ch-4.

Rnd 11: Sl st across to first ch sp, (sc, **picot**—*see Special Stitches*, ch 3) in first ch sp and in each ch-2 sp around, with (sc, picot, sc, ch 3) in each ch-4 sp, join with sl st in beg sc. Fasten off. ❑❑

Blue Skies

SKILL LEVEL

EASY

FINISHED SIZE
9½ inches square

MATERIALS
❑ DMC Cebelia size 10 crochet cotton (282 yds per ball):
  1 ball #747 sea mist blue
❑ Size 7/1.65mm steel hook or size needed to obtain gauge

GAUGE
Rnd 1 = 1 inch in diameter

INSTRUCTIONS
DOILY
Rnd 1: Ch 6, sl st in first ch to form ring, ch 4 *(counts as first tr)*, 19 tr in ring, join with sl st in 4th ch of beg ch-4. *(20 tr)*

Rnd 2: Ch 6 *(counts as first tr and ch-2 sp)*, tr in same st, ch 9, sk next 4 sts, [(tr, ch 2, tr) in next st, ch 9, sk next

4 sts] around, join with sl st in 4th ch of beg ch-6.

Rnd 3: Sl st in first ch sp, ch 4, (tr, ch 2, 2 tr) in same ch sp, *ch 6, (sc, ch

3, sc) in next ch sp, ch 6**, (2 tr, ch 2, 2 tr) in next ch sp, rep from * around, ending last rep at **, join with sl st in 4th ch of beg ch-4.

Rnd 4: Sl st across to first ch sp, ch 4, (tr, ch 2, 2 tr) in same ch sp, *ch 4, sc in next ch sp, ch 8, sk next ch sp, sc in next ch sp, ch 4**, (2 tr, ch 2, 2 tr) in next ch sp, rep from * around, ending last rep at **, join with sl st in 4th ch of beg ch-4.

Rnd 5: Sl st across to first ch sp, ch 4, (2 tr, ch 2, 3 tr) in same ch sp, *ch 4, (sc, ch 4, sc) in next ch sp, ch 4, (tr, ch 2, tr) in next ch sp, ch 4, (sc, ch 4, sc) in next ch sp, ch 4**, (3 tr, ch 2, 3 tr) in next ch sp, rep from * around, ending last rep at **, join with sl st in 4th ch of beg ch-4.

Rnd 6: Sl st across to first ch sp, ch 4, (2 tr, ch 2, 3 tr) in same ch sp, *ch 4, sc in next ch sp, ch 6, sk next ch sp, sc in next ch sp, ch 4, (2 tr, ch 2, 2 tr) in next ch sp, ch 4, sc in next ch sp, ch 6, sk next ch sp, sc in next ch sp, ch 4**, (3 tr, ch 2, 3 tr) in next ch sp, rep from * around, ending last rep at **, join with sl st in 4th ch of beg ch-4.

Rnd 7: Sl st across to first ch sp, ch 4, (2 tr, ch 2, 3 tr) in same ch sp, *ch 4, (sc, ch 4, sc) in next ch sp, ch 4, sc in next ch sp, ch 4, sk next ch sp, ({tr, ch 1} 3 times, tr) in next ch sp, ch 4, sk next ch sp, sc in next ch sp, ch 4, (sc, ch 4, sc) in next ch sp, ch 4**, (3 tr, ch 2, 3 tr) in next ch sp, rep from * around, ending last rep at **, join with sl st in 4th ch of beg ch-4.

Rnd 8: Sl st across to first ch sp, ch 4, (2 tr, ch 2, 3 tr) in same ch sp, *ch 4, [(sc, ch 4, sc) in next ch sp, ch 4, sk next ch sp] twice, tr in next tr, [ch 1, tr in next ch sp, ch 1, tr in next st] 3 times, [ch 4, sk next ch sp, (sc, ch 4, sc)] twice, ch 4**, (3 tr, ch 2, 3 tr) in next ch sp, rep from * around, ending last rep at **, join with sl st in 4th ch of beg ch-4.

Rnd 9: Sl st across to first ch sp, ch 4, (2 tr, ch 2, 3 tr) in same ch sp, *ch 4, (sc, ch 4, sc) in next ch sp, ch 4, sk next ch sp, (sc, ch 4, sc) in next ch sp, ch 6, sk next 2 ch sps, tr in next tr, [ch 2, tr in next st] 6 times, ch 6, sk next 2 ch sps, (sc, ch 4, sc) in next ch sp, ch 4, sk next ch sp, (sc, ch 4, sc) in next ch sp, ch 4 **, (3 tr, ch 2, 3 tr) in next ch sp, rep from * around, ending last rep at **, join with sl st in 4th ch of beg ch-4.

Rnd 10: Sl st across to first ch sp, ch 4, (2 tr, ch 2, 3 tr) in same ch sp, *ch 4, (sc, ch 4, sc) in next ch sp, ch 4, sk next ch sp, (sc, ch 4, sc) in next ch sp, ch 7, sk next 2 ch sps, tr in next tr, [ch 3, tr in next st] 6 times, ch 7, sk next 2 ch sps, (sc, ch 4, sc) in next ch sp, ch 4, sk next ch sp, (sc, ch 4, sc) in next ch sp, ch 4**, (3 tr, ch 2, 3 tr) in next ch sp, rep from * around, ending last rep at **, join with sl st in 4th ch of beg ch-4.

Rnd 11: Sl st across to first ch sp, ch 4, (2 tr, ch 4, sl st in 3rd ch from hook, ch 1, 3 tr) in same ch sp, *ch 5, (sc, ch 4, sc) in next ch sp, ch 6, sk next ch sp, (sc, ch 4, sc) in next ch sp, ch 10, sk next 2 ch sps, tr in next tr, [ch 5, sl st in 3rd ch from hook, ch 2, tr in next st] 6 times, ch 10, sk next 2 ch sps, (sc, ch 4, sc) in next ch sp, ch 6, sk next ch sp, (sc, ch 4, sc) in next ch sp, ch 5**, (3 tr, ch 4, sl st in 3rd ch from hook, ch 1, 3 tr) in next ch sp, rep from * around, ending last rep at **, join with sl st in 4th ch of beg ch-4. Fasten off. ❑❑

Sweetheart

FINISHED SIZE
11 inches in diameter

MATERIALS
- ❑ Aunt Lydia's Classic size 10 crochet cotton:
  400 yds #1 white
  350 yds #484 victory red
- ❑ Size 6/1.80mm steel hook or size needed to obtain gauge

GAUGE
Rnds 1–3 = 1½ inches in diameter

SPECIAL STITCHES
Cluster (cl): Holding last lp of each st on hook, 2 tr in next st, yo, pull through all lps on hook.
Picot: Ch 5, sl st in 3rd ch from hook.

Motif joining (join): [Ch 2, sc in corresponding picot on last Motif, ch 2, sc in next ch sp on this Motif] twice.

INSTRUCTIONS

DOILY
Center
Rnd 1: With white, ch 5, sl st in first ch to form ring, ch 3 *(counts as first dc)*, 15 dc in ring, join with sl st in 3rd ch of beg ch-3. *(16 dc)*

Rnd 2: Ch 3, dc in same st, ch 2, sk next st, [2 dc in next st, ch 2, sk next sp] around, join with sl st in 3rd ch of beg ch-3.

Rnd 3: Ch 3, dc in same st, dc in next st, ch 3, sk next ch sp, [2 dc in next st, dc in next st, ch 3, sk next sp] around, join with sl st in 3rd ch of beg ch-3.

Rnd 4: Ch 3, dc in same st, *dc in each of next 2 sts, ch 4, sk next ch sp**, 2 dc in next st, rep from * around, ending last rep at **, join with sl st in 3rd ch of beg ch-3.

Rnd 5: Ch 3, dc in same st, *dc in each of next 3 sts, ch 5, sk next ch sp**, 2 dc in next st, rep from * around, ending last rep at **, join with sl st in 3rd ch of beg ch-3.

Rnd 6: Ch 3, dc in same st, *dc in each of next 4 sts, ch 6, sk next ch sp**, 2 dc in next st, rep from * around, ending last rep at **, join with sl st in 3rd ch of beg ch-3.

Rnd 7: Ch 3, dc in each of next 2 sts, *ch 2, dc in each of next 3 sts, ch 4, sc in next ch sp, ch 4**, dc in each of next 3 sts, rep from * around, ending last rep at **, join with sl st in 3rd ch of beg ch-3.

Rnd 8: Ch 3, dc in each of next 2 sts, *ch 3, sk next ch sp, dc in each of next 3 sts, [ch 4, sc in next ch sp] twice, ch 4**, dc in each of next 3 sts, rep from * around, ending last rep at **, join with sl st in 3rd ch of beg ch-3.

Rnd 9: Ch 3, dc in each of next 2 sts, *ch 4, sk next ch sp, dc in each of next 3 sts, [ch 4, sc in next ch sp] 3 times, ch 4**, dc in each of next 3 sts, rep from * around, ending last rep at **, join with sl st in 3rd ch of beg ch-3.

Rnd 10: Ch 3, dc in each of next 2 sts, *ch 3, sc in next ch sp, ch 3, dc in each of next 3 sts, [ch 3, sc in next ch sp] 4 times, ch 3**, dc in each of next 3 sts, rep from * around, ending last rep at **, join with sl st in 3rd ch of beg ch-3. Fasten off.

First Motif
Rnd 1: With victory red, ch 5, sl st in first ch to form ring, ch 1, 14 sc in ring, join with sl st in beg sc. *(14 sc)*

Rnd 2: Ch 1, sc in first st, *ch 3, **cl** *(see Special Stitches)* in next st, ch 3**, sc in next st, rep from * around, ending last rep at **, join with sl st in beg sc. Fasten off.

Rnd 3: Join white with sl st in top of any cl, ch 3, (dc, ch 2, 2 dc) in same st, ch 3, [(2 dc, ch 3, 2 dc) in next cl, ch 3] around, join with sl st in 3rd ch of beg ch-3.

Rnd 4: Sl st across to first ch sp, ch 3, (2 dc, ch 2, 3 dc) in same ch sp, *ch 3, sc in next ch sp, ch 3**, (3 dc, ch 2, 3 dc) in next ch sp, rep from * around, ending last rep at **, join with sl st in 3rd ch of beg ch-3.

Rnd 5: Sl st across to first ch sp, ch 1, sc in same ch sp, ***picot** *(see Special Stitches)*, [ch 3, sc in next ch sp] twice, picot, ch 3**, sc in next ch sp, rep from * 5 times, ending last rep at **, holding Motif to RS of Center matching groups of dc, working through both thicknesses, sc in next ch sp, [ch 3, sc in next ch sp] twice, ch 3, sl st in next ch sp on Center, join with sl st in beg sc on Motif. Fasten off.

Next Motif
Rnds 1–4: Rep rnds 1–4 of First Motif.

Rnd 5: Sl st across to first ch sp, ch 1, sc in same ch sp, picot, [ch 3, sc in next ch sp] twice, **join** *(see Special Stitches)*, ch 3, *[sc in next ch sp, picot, ch 3]** twice, ch 3, rep from * around, ending last rep at **, holding Motif to WS of Center matching groups of dc, working through both thicknesses, sc in next ch sp, [ch 3, sc in next ch sp] twice, ch 3, sl st in next ch sp on Center, join with sl st in beg sc. Fasten off.

Rep Next Motif around until 8 Motifs are completed; join last Motif to First Motif. ❏❏

Mint Julep

SKILL LEVEL

INTERMEDIATE

FINISHED SIZE

8½ inches square

MATERIALS

❑ Aunt Lydia's size 10 crochet cotton:
   150 yds #428 mint green
❑ Size 7/1.65mm steel crochet hook or size needed to obtain gauge

GAUGE

Rnds 1 and 2 = 1½ inches across

SPECIAL STITCHES

Small shell (sm shell): (2 tr, ch 2, 2 tr) in next st or ch sp.

Large shell (lg shell): (3 tr, ch 2, 3 tr) in next st or ch sp.

INSTRUCTIONS

DOILY

Rnd 1: Ch 6, sl st in first ch to form ring, ch 1, 12 sc in ring, join with sl st in beg sc. *(12 sc)*

Rnd 2: Ch 4 *(counts as first tr)*, tr in same st, 2 tr in each of next 2 sts, ch 3, [2 tr in each of next 3 sts, ch 3] around, join with sl st in 4th ch of beg ch-4. *(24 tr, 4 ch-3 sps)*

Rnd 3: Ch 4 tr in next st, *ch 2, sk next 2 sts, tr in each of next 2 sts, (dc, ch 3, dc) in next corner ch sp**, tr in each of next 2 sts, rep from * around, ending last rep at **, join with sl st in 4th ch of beg ch-4.

Rnd 4: Ch 5 *(counts as first tr and ch-1)*, *(tr, ch 2, tr) in next ch sp, ch 1, sk next st, tr in next st, ch 2, sk next st, (sc, ch 5, sc) in next corner ch sp, ch 2, sk next st**, tr in next st, ch 1, rep from * around, ending last rep at **, join with sl st in 4th ch of beg ch-5.

Rnd 5: Ch 5, *sm shell *(see Special Stitches)* in next ch-2 sp, ch 1, sk next st, tr in next st, ch 2, 7 tr in next corner ch-5 sp, ch 2, sk next st**, tr in next st, ch 1, rep from * around,

ending last rep at **, join with sl st in 4th ch of beg ch-5.

Rnd 6: Ch 6 *(counts as first tr and ch-2 sp)*, *sm shell in ch sp of next sm shell, ch 2, sk next 2 sts, tr in next st, ch 4, tr in next st, [ch 1, tr in next st] 6 times, ch 4**, tr in next st, ch 2, rep from * around, ending last rep at **, join with sl st in 4th ch of beg ch-6.

Rnd 7: Ch 6, *lg shell *(see Special Stitches)* in ch sp of next sm shell, ch 2, sk next 2 sts, tr in next st, ch 4, sk next ch sp, sc in next ch-1 sp, [ch 3, sc in next ch-1 sp] 5 times, ch 4, sk next ch sp**, tr in next st, ch 2, rep from * around, ending last rep at **, join with sl st in 4th ch of beg ch-6.

Rnd 8: Ch 5, tr in same st, *ch 1, lg shell in ch sp of next lg shell, ch 1, sk next 3 sts, (tr, ch 1, tr) in next st, ch 4, sk next ch sp, sc in next ch-3 sp, [ch 3, sc in next ch-3 sp] 4 times, ch 4, sk next ch-4 sp**, (tr ch 1, tr) in next st, rep from * around, ending last rep at **, join with sl st in 4th ch of beg ch-5.

Rnd 9: Sl st in first ch sp, ch 5, (tr, ch 1, tr) in same ch sp, *ch 3, sk next ch sp (2 tr, ch 2, 2 tr, ch 2, 2 tr) in ch sp of next lg shell, ch 3, sk next ch sp, (tr, ch 1, tr, ch 1, tr) in next ch sp, ch 4, sk next ch sp, sc in next ch-3 sp, [ch 3, sc in next ch-3 sp] 3 times, ch 4, sk next ch sp**, (tr, ch 1, tr, ch 1, tr) in next ch sp, rep from * around, ending last rep at **, join with sl st in 4th ch of beg ch-5.

Rnd 10: Sl st in first ch-1 sp, ch 5, tr in same ch sp, *ch 1, (tr, ch 1, tr) in next ch-1 sp, ch 3, sk next ch sp, lg shell in each of next 2 ch-2 sps, ch 3, sk next ch sp, (tr, ch 1, tr) in next ch-1 sp, ch 1, (tr, ch 1, tr) in next ch-1 sp, ch 4, sk next ch sp, sc in next ch-3 sp, [ch 3, sc in next ch-3 sp] twice, ch 4, sk next ch sp**, (tr, ch 1, tr) in next ch-1 sp, rep from * around, ending last rep at **, join with sl st in 4th ch of beg ch-5.

Rnd 11: Sl st in first ch sp, ch 5, tr in same ch sp, *(ch 1, tr, ch 1, tr) in each of next 2 ch sps, ch 3, lg shell in ch sp of next lg shell, ch 1, 2 tr in sp between lg shells, ch 1, lg shell in ch sp of next lg shell, ch 3, [(tr, ch 1, tr) in next ch sp, ch 1] twice, (tr, ch 1, tr) in next ch sp, ch 4, sk next ch sp, sc in next ch-3 sp, ch 3, sc in next ch sp, ch 4, sk next ch sp**, (tr, ch 1, tr) in next ch sp, rep from * around, ending last rep at **, join with sl st in 4th ch of beg ch-5.

Rnd 12: Sl st in next ch sp, ch 5, tr in same ch sp, *[ch 1, (tr, ch 1, tr) in next ch sp] 4 times, ch 3, sk next ch sp, lg shell in ch sp of next lg shell, [ch 1, 2 tr in next ch sp] twice, ch 1, lg shell in ch sp of next lg shell, ch 3, sk next ch sp, [(tr, ch 1, tr) in next ch sp, ch 1] 4 times, (tr, ch 1, tr) in next ch sp, ch 3, sk next ch sp, sc in next ch-3 sp, ch 3, sk next ch sp**, (tr, ch 1, tr) in next ch sp, rep from * around, ending last rep at **,

join with sl st in 4th ch of beg ch-5.

Rnd 13: Sl st in first ch sp, ch 1, sc in same ch sp, *[ch 3, sc in next ch sp] 8 times, ch 3, sk next ch sp, lg shell in ch sp of next lg shell, ch 3, sc in next ch sp, ch 2, (sc, ch 5, sc) in next ch sp, ch 2, sc in next ch sp, ch 3, lg shell in ch sp of next lg shell, ch 3, sk next ch sp, [sc in next ch sp, ch 3] 9 times, sk next 2 ch sps**, sc in next ch sp, rep from * around, ending last rep at **, join with sl st in beg sc.

Rnd 14: Sl st in first ch sp, ch 1, sc in same ch sp, *[ch 3, sc in next ch sp] 7 times, ch 3, lg shell in ch sp of next lg shell, ch 3, sc in next ch sp, ch 2, 9 tr in next ch-5 sp, ch 2, sk next ch sp, sc in next ch sp, ch 3, lg shell in next lg shell, ch 3, sk next ch sp, [sc in next ch sp, ch 3] 7 times, ch 1, sk

next ch sp, sc in next ch sp, ch 1**, sc in next ch sp, rep from * around, ending last rep at **, join with sl st in beg sc.

Rnd 15: Sl st in first ch sp, ch 1, sc in same ch sp, ch 2, sc in same ch sp, (sc, ch 2, sc) in each of next 7 ch sps, *ch 2, sc in next ch sp, ch 4, (sc, ch 2, sc) in ch sp of next lg shell, ch 4, sc in next ch sp, [ch 2, sc in next ch sp, ch 2, sc in next st] 9 times, ch 2, sc in next ch sp, ch 4, (sc, ch 2, sc) in ch sp of next lg shell, ch 4, sc in next ch sp, ch 2, (sc, ch 2, sc) in each of next 7 ch sps, ch 2**, (sc, ch 2, sc) in each of next 7 ch sps, rep from * around, ending last rep at **, join with sl st in beg sc. Fasten off. ❑❑

Starburst

SKILL LEVEL

INTERMEDIATE

FINISHED SIZE
11½ inches in diameter

MATERIALS
❑ Size 10 crochet cotton:
   300 yds linen
❑ Size 7/1.65mm steel hook or size needed to obtain gauge

GAUGE
Rnd 1 = 1 inch in diameter

SPECIAL STITCH
Cluster (cl): Holding last lp of each st on hook, 3 tr in next ch sp, yo, pull through all lps on hook.

INSTRUCTIONS
DOILY
Rnd 1: Ch 6, sl st in first ch to form ring, ch 4 *(counts as first tr)*, 23 tr in ring, join with sl st in 4th ch of beg ch-4. *(24 tr)*

Rnd 2: Ch 8 *(counts as first tr and ch-4 sp)*, sk next st, [tr in next st, ch 4, sk next st] around, join with sl st in 4th ch of beg ch-4.

Rnd 3: Sl st in first ch sp, ch 4, (tr, ch

2, 2 tr) in same ch sp, *ch 4, sc in next ch sp, ch 4**, (2 tr, ch 2, 2 tr) in next ch sp, rep from * around, ending last rep at **, join with sl st in 4th ch of beg ch-4.

Rnd 4: Sl st across to first ch sp, ch 4,

(tr, ch 2, 2 tr) in same ch sp, *ch 4, sc in next ch sp, ch 3, sc in next ch sp, ch 4**, (2 tr, ch 2, 2 tr) in next ch sp, rep from * around, ending last rep at **, join with sl st in 4th ch of beg ch-4.

Rnd 5: Sl st across to first ch sp, ch 4, (tr, ch 2, 2 tr) in first ch sp, *[ch 4, sc in next ch sp] 3 times, ch 4**, (2 tr, ch 2, 2 tr) in next ch sp, rep from * around, ending last rep at **, join with sl st in 4th ch of beg ch-4.

Rnd 6: Sl st across to first ch sp, ch 4, (tr, ch 2, 2 tr) in next ch sp, *ch 4, sc in next ch sp, ch 4, **cl** *(see Special Stitch)* in next ch sp, ch 2, cl in next ch sp, ch 4, sc in next ch sp, ch 4**, (2 tr, ch 2, 2 tr) in next ch sp, rep from * around, ending last rep at **, join with sl st in 4th ch of beg ch-4.

Rnd 7: Sl st across to first ch sp, ch 4, (tr, ch 2, 2 tr) in same ch sp, *ch 4, sc in next ch sp, ch 4, [cl in next ch sp, ch 2] twice, cl in next ch sp, ch 4, sc in next ch sp, ch 4**, (2 tr, ch 2, 2 tr) in next ch sp, rep from * around, ending last rep at **, join with sl st in 4th ch of beg ch-4.

Rnd 8: Sl st across to first ch sp, ch 4, (2 tr, ch 2, 3 tr) in same ch sp, *[ch 4, sc in next ch sp] twice, ch 4, cl in next ch sp, ch 2, cl in next ch sp, ch 4, [sc in next ch sp, ch 4] twice**, (3 tr, ch 2, 3 tr) in next ch sp, rep from * around, ending last rep at **, join with sl st in 4th ch of beg ch-4.

Rnd 9: Sl st across to first ch sp, ch 4, (2 tr, ch 2, 3 tr) in same ch sp, *[ch 4, sc in next ch sp] twice, ch 4, [cl in next ch sp, ch 2] twice, cl in next ch sp, ch 4, [sc in next ch sp, ch 4] twice**, (3 tr, ch 2, 3 tr) in next ch sp, rep from * around, ending last rep at **, join with sl st in 4th ch of beg ch-4.

Rnd 10: Sl st across to first ch sp, ch 4, (2 tr, ch 2, 3 tr) in same ch sp, *[ch 4, sc in next ch sp] 3 times, ch 4, cl in next ch sp, ch 2, cl in next ch sp, ch 4, [sc in next ch sp, ch 4] 3 times**, (3 tr, ch 2, 3 tr) in next ch sp, rep from * around, ending last rep at **, join with sl st in 4th ch of beg ch-4.

Rnd 11: Sl st across to first ch sp, ch 4, (2 tr, ch 2, 3 tr) in same ch sp, *[ch 4, sc in next ch sp] 4 times, ch 4, (sc, ch 6, sc) in next ch sp, ch 4, [sc in next ch sp, ch 4] 4 times**, (3 tr, ch 2, 3 tr) in next ch sp, rep from * around, ending last rep at **, join with sl st in 4th ch of beg ch-4.

Rnd 12: Sl st across to first ch sp, ch 4, (2 tr, ch 2, 3 tr) in same ch sp, *[ch 4, sc in next ch sp] 4 times, ch 4, sk next ch sp, 9 sc in next ch-6 sp, ch 4, sk next ch sp, [sc in next ch sp, ch 4] 4 times**, (3 tr, ch 2, 3 tr) in next ch sp, rep from * around, ending last rep at **, join with sl st in 4th ch of beg ch-4.

Rnd 13: Sl st across to first ch sp, ch 5 *(counts as first tr and ch-1 sp),* tr in same ch sp, (ch 1, tr) 5 times in same ch sp, *[ch 4, sc in next ch sp] 4 times, ch 4, sk next ch sp, tr in next st, (ch 1, tr) in each of next 8 sts, ch 4, sk next ch sp, [sc in next ch sp, ch 4] 4 times**, tr in next ch sp, (ch 1, tr) 6 times in same ch sp, rep from * around, ending last rep at **, join with sl st in 4th ch of beg ch-5.

Rnd 14: Sl st in first ch sp, ch 5, tr in same ch sp, *ch 2, (tr, ch 1, tr, ch 2) in each of next 4 ch sps, (tr, ch 1, tr) in next ch sp, ch 4, sk next ch sp, [sc in next ch sp, ch 4] 3 times, sk next ch sp, sc in next ch sp, [ch 2, sc in next ch sp] 7 times, ch 4, sk next ch sp, [sc in next ch sp, ch 4] 3 times**, (tr, ch 1, tr) in next ch sp, rep from * around, ending last rep at **, join with sl st in 4th ch of beg ch-5.

Rnd 15: Sl st in first ch sp, ch 5, tr in same ch sp, *ch 2, (tr, ch 1, tr, ch 2) in each of next 9 ch sps, (tr, ch 1, tr) in next ch sp, [ch 4, sc in next ch sp] 3 times, ch 6, sk next ch sp, (sc, ch 3, sc) in each of next 7 ch sps, ch 6, sk next ch sp, [sc in next ch sp, ch 4] 3 times**, (tr, ch 1, tr) in next ch sp, rep from * around, ending last rep at **, join with sl st in 4th ch of beg ch-5. ❑❑

Annie's

Published by Annie's, 306 East Parr Road, Berne, IN 46711. Printed in USA. Copyright © 2018, 2021 Annie's. All rights reserved. This publication may not be reproduced in part or in whole without written permission from the publisher.

RETAIL STORES: If you would like to carry this publication or any other Annie's publication, visit AnniesWSL.com.

Every effort has been made to ensure that the instructions in this publication are complete and accurate. We cannot, however, take responsibility for human error, typographical mistakes or variations in individual work. Please visit AnniesCustomerService.com to check for pattern updates.

ISBN: 978-1-59012-967-8

STITCH GUIDE

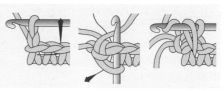

STITCH ABBREVIATIONS

beg	begin/begins/beginning
bpdc	back post double crochet
bpsc	back post single crochet
bptr	back post treble crochet
CC	contrasting color
ch(s)	chain(s)
ch-	refers to chain or space previously made (i.e., ch-1 space)
ch sp(s)	chain space(s)
cl(s)	cluster(s)
cm	centimeter(s)
dc	double crochet (singular/plural)
dc dec	double crochet 2 or more stitches together, as indicated
dec	decrease/decreases/decreasing
dtr	double treble crochet
ext	extended
fpdc	front post double crochet
fpsc	front post single crochet
fptr	front post treble crochet
g	gram(s)
hdc	half double crochet
hdc dec	half double crochet 2 or more stitches together, as indicated
inc	increase/increases/increasing
lp(s)	loop(s)
MC	main color
mm	millimeter(s)
oz	ounce(s)
pc	popcorn(s)
rem	remain/remains/remaining
rep(s)	repeat(s)
rnd(s)	round(s)
RS	right side
sc	single crochet (singular/plural)
sc dec	single crochet 2 or more stitches together, as indicated
sk	skip/skipped/skipping
sl st(s)	slip stitch(es)
sp(s)	space(s)/spaced
st(s)	stitch(es)
tog	together
tr	treble crochet
trtr	triple treble crochet
WS	wrong side
yd(s)	yard(s)
yo	yarn over

YARN CONVERSION

OUNCES TO GRAMS		GRAMS TO OUNCES	
1	28.4	25	⅞
2	56.7	40	1⅔
3	85.0	50	1¾
4	113.4	100	3½

UNITED STATES		UNITED KINGDOM
sl st (slip stitch)	=	sc (single crochet)
sc (single crochet)	=	dc (double crochet)
hdc (half double crochet)	=	htr (half treble crochet)
dc (double crochet)	=	tr (treble crochet)
tr (treble crochet)	=	dtr (double treble crochet)
dtr (double treble crochet)	=	ttr (triple treble crochet)
skip	=	miss

Single crochet decrease (sc dec): (Insert hook, yo, draw lp through) in each of the sts indicated, yo, draw through all lps on hook.

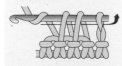

Example of 2-sc dec

Half double crochet decrease (hdc dec): (Yo, insert hook, yo, draw lp through) in each of the sts indicated, yo, draw through all lps on hook.

Example of 2-hdc dec

Reverse single crochet (reverse sc): Ch 1, sk first st, working from left to right, insert hook in next st from front to back, draw up lp on hook, yo and draw through both lps on hook.

Chain (ch): Yo, pull through lp on hook.

Single crochet (sc): Insert hook in st, yo, pull through st, yo, pull through both lps on hook.

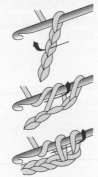

Double crochet (dc): Yo, insert hook in st, yo, pull through st, [yo, pull through 2 lps] twice.

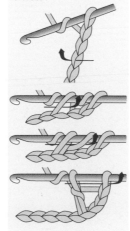

Double crochet decrease (dc dec): (Yo, insert hook, yo, draw lp through, yo, draw through 2 lps on hook) in each of the sts indicated, yo, draw through all lps on hook.

Example of 2-dc dec

Front loop (front lp) Back loop (back lp)

Front Loop   Back Loop

Front post stitch (fp): Back post stitch (bp): When working post st, insert hook from right to left around post of st on previous row.

Back   Front

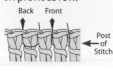

Post of Stitch

Half double crochet (hdc): Yo, insert hook in st, yo, pull through st, yo, pull through all 3 lps on hook.

Double treble crochet (dtr): Yo 3 times, insert hook in st, yo, pull through st, [yo, pull through 2 lps] 4 times.

Treble crochet decrease (tr dec): Holding back last lp of each st, tr in each of the sts indicated, yo, pull through all lps on hook.

Example of 2-tr dec

Slip stitch (sl st): Insert hook in st, pull through both lps on hook.

Chain color change (ch color change) Yo with new color, draw through last lp on hook.

Double crochet color change (dc color change) Drop first color, yo with new color, draw through last 2 lps of st.

Treble crochet (tr): Yo twice, insert hook in st, yo, pull through st, [yo, pull through 2 lps] 3 times.

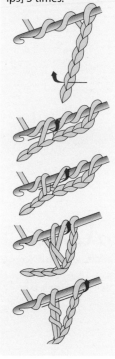